320例文で
効率よく覚える
中学英単語・熟語
2000

Gakken

はじめに

単語力は,「読む・書く・聞く・話す」すべての英語の技能の基礎です。知っている単語や熟語の数が増えていくにしたがって,英語の世界はどんどん広がっていきます。

しかし本当の単語力とは,単語の数だけで測れるものではありません。ただ意味を覚えているだけの「単語力」と,それぞれの単語の実際の使い方や正しい発音までマスターしている「単語力」とでは,その質に大きな違いがあります。

多くの中学生のみなさんに,質の高い単語力を効率よく身につけてほしい。編集部のそんな思いからこの本は生まれました。

本書の利点は,たくさんの単語・熟語を効率よく覚えられることだけではありません。つねに例文の中で覚えていくことで,使い方の理解をともなった実践的な単語力をつけることができます。

また,生きた英語で書かれた自然な例文を数多く読み,音声を繰り返し聞くことによって,長文読解や英作文,リスニングの基礎力も知らず知らずのうちに大きく伸びていくことでしょう。

この1冊が,みなさんの志望校合格の力強いパートナーとなるとともに,将来にわたって使える真の英語力の土台づくりに大きく役立つことを心より願っています。

本書の構成と使い方

▌本書の構成

　本書は，中学校の文型・文法の学習順* にそって，中1の文法知識で理解〔で〕きるものから順番に例文を学習していく構成になっています。（*学習順は〔教〕科書によって異なる場合があります）

　本書には，見出し語として約 1600，派生語などの関連語句を含めて 20〔00〕以上もの単語・熟語が収録されています。

▼学年のレベルは，単語の難易度ではなく例文の文型・文法を基準にした大きなめやすで〔す〕

本書の音声について

本書の音声は Gakken の音声再生アプリ「my-oto-mo」を使用して再生できます。下記からアプリをスマホにダウンロードした後,「本をさがす」から本書音声をダウンロードしてご利用ください。また, my-oto-mo スピーキングモードで, 各例文の音読チェックができます。(→くわしくは p. 8 へ)

akkenのリスニング・スピーキングアプリ「my-oto-mo」

https://gakken-ep.jp/extra/myotomo/

※ アプリは無料ですが, 通信料はお客様のご負担になります。

※ お客様のネット環境および端末の設定等により, 音声を再生できない場合, 当社は責任を負いかねます。

※ 上記のURLから, mp3音声をPCなどにダウンロードすることもできます。お手持ちの音声プレーヤーなどに入れて聞くこともできます。

音声の構成

各例文の音声は下記のように読まれます。

❶ 例文
▶ ネイティブスピーカーの音声で読まれます。

❷ 例文の日本語訳
▶ 日本人の音声で読まれます。

❸ 例文をもう一度
▶ ネイティブスピーカーの音声で読まれます。
▶ ❶よりも少し速いスピードで読まれます。

本書の構成と使い方

■ ページの構成

① トラック番号 ——

② 例文 ——

③ 見出し語 ——

④ 見出し語の意味・解説 ——

① トラック番号

1例文ごとに1トラックになっています。

② 例文

メインの例文です。英文と日本語訳が読まれます。

新出単語は赤文字になっていて，赤フィルターで確認することができます

各例文の左上に，トピック（話題）や場面を表すアイコンが表示されています

③ 見出し語

例文の新出単語・熟語を見出し語として扱っています。

各単語・熟語の左側に，高校入試に出る頻度が高い順に ⁝ ⁝ ⁞ のマークを
つけてあります。

発音は，米・英で異なる場合には米音のみを，複数の発音がある場合に
1種類のみを表記しています。

（発音記号は，教科書や辞書によって表記が異なる場合があります。）

④ 見出し語の意味・解説

単語・熟語の意味と，語形変化などを解説しています。

単語・熟語のおもな意味は，赤フィルターで確認することができます。

(関連) マークのところで，派生語などの関連語句を紹介しています。

関連語句もあわせて覚えるようにしてください。

使い方アドバイス

単語をしっかり覚えるためには，復習が非常に大切です。
通学の時間や空き時間を利用して，音声を何度も繰り返し聞きましょう。

おすすめ学習法

まず，例文を見ながら音声を聞きます。1つのトラック（1例文）を聞き終わったら，音声をいったん止めます。

付属の赤フィルターを使って，単語・熟語を1つずつチェックしていきましょう。発音が不安なときは，例文を聞き直して確認しましょう。

単語・熟語を一通りチェックしたら，音声の発音をまねて，例文を声に出して読みましょう。例文を声に出して読むことは，記憶の定着に非常に効果的です。赤フィルターを例文の上に置いて，暗唱できるくらいまで何度も音読しましょう。

仕上げにもう1度音声を聞きます。
すべての単語・熟語をマスターできたかどうか，集中して聞きましょう。

1日無理なくできるページ数を最初に決めて，少しずつ学習を進めていきましょう。1日4ページずつやれば，2か月で余裕を持って学習を終えることができます。

学習のヒント

上で紹介した「おすすめ学習法」にとらわれず，音声や赤フィルターを自由に活用して，自分のレベルや時間に合った学習法をくふうしましょう。

試験までに時間がないときは，単語・熟語の左側にあるマーク（出題頻度表示）を見て，覚える単語を絞りましょう。 と の単語・熟語をしっかり覚えることに集中して，本書の最後まで学習を進めてください。
 や無印の単語・熟語は，時間に余裕ができてから取り組みましょう。

しばらく時間を置いてから復習すると，記憶が定着しやすくなります。翌日→1週間後→1か月後 など，タイミングを決めて復習しましょう。

■ my-oto-moで例文の音読トレーニングをしよう！

音声再生アプリ my-oto-mo では，本書の例文の「音読トレーニング」が〔…〕きます。お手本の音声を聞いて，自分でも音読してみましょう。アプリが〔…〕なたの発音を判定して，採点してくれます。

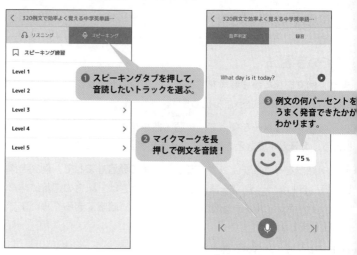

❶ スピーキングタブを押して，音読したいトラックを選ぶ。

❷ マイクマークを長押しで例文を音読！

❸ 例文の何パーセントをうまく発音できたかがわかります。

※一部固有名詞などが正常に判定されない場合があります。ご了承ください。
※ my-oto-mo では自分の音読を録音することもできます。
　なお，録音機能の利用には GakkenID の登録が必要です。

本書の記号

〈品詞表示〉

|名| 名詞または名詞の働きをする語句　　|代| 代名詞

|動| 動詞　　|助| 助動詞　　|形| 形容詞　　|副| 副詞　　|前| 前置詞

|接| 接続詞　　|間| 間投詞　　|冠| 冠詞　　|熟| 熟語

〈語形変化〉

|過去| 過去形　　|過分| 過去分詞　　|-ing形| -ing 形（現在分詞）

|3単現| 3 人称単数・現在形　　|複数形| 複数形

|比較| 比較級 ― 最上級

〈その他〉

❶つづり つづり（スペリング）注意　　❶発音 発音・アクセント注意

（関連） 関連語句　　（復習） 復習語句（再掲）

Level 1

> Hello. My name is Eriko. I am fourteen years old.
> I'm from Tokyo, Japan.

こんにちは。私の名前はエリコです。私は14歳です。私は日本の東京出身で

□hello
[həlóu]

間 **やあ，こんにちは，（電話で）もしもし**
関連 やあ▶hi（よりくだけたあいさつ）

□my
[mai]

代 **私の** ☞ p.19 代名詞

□name
[neim]

名 **名前** 動 ～と名づける

□is
[iz]

動 **～である，ある，いる** ☞ p.28 beの現在形
過去 was 過分 been

□I
[ai]

代 **私は，私が** ☞ p.19 代名詞

□am
[æm]

動 **～である，ある，いる** ☞ p.28 beの現在形
過去 was 過分 been
◆I amはよくI'mと短縮される。

□fourteen
[fɔːrtíːn]

名形 **14（の）** ☞ p.15 基数・序数

□year
[jiər]

名 **年**
関連 月▶month

□old
[ould]

形 **年とった，古い**
◆～year(s) oldで「～歳」の意味。
関連 若い▶young
新しい▶new

□be from ～

熟 **～の出身である**

□Japan
[dʒəpǽn]

名 **日本** ☞ p.77 国
関連 形 日本の▶Japanese

What day is it today？ ― It's Tuesday.

今日は何曜日ですか。―火曜日です。

◻**what** [hwɑt]	代 **何**　形 **何の**
◻**day** [dei]	名 **日，（複数形で）時代**
◻**it** [it]	代 **それ** ◆前に出てきた物をさすほか，時間，天気などを表す文の主語としても使われる。 ▶It's ten o'clock. （10時です。） ▶It's sunny today. （今日は晴れです。）
◻**today** [tədéi]	副 **今日（は）**　名 **今日**
◻**Tuesday** ❶つづり [t(j)úːzdei]	名 **火曜日**　☞ p.12　曜日

What's the date today？ ― It's April 1.

今日は何日ですか。―4月1日です。

◻**the** [ðə]	冠 **その** ◆日本語に訳さないことが多い。
◻**date** [deit]	名 **日付，デート**
◻**April** [éiprəl]	名 **4月**　☞ p.12　月
◻**first** [fəːrst] ❶発音	形 **第1の，最初の**　☞ p.15　基数・序数 名 **最初**　副 **最初に** ◆日付は序数（☞ p.15）で読むのがふつう。 April 1はApril firstまたはApril the firstと読む。

When is the school festival? — It's next weekend.

学校祭はいつですか。—次の週末で

‡□ **when**
[hwen]

副 **いつ**
▸ When do you play tennis?
（あなたはいつテニスをしますか。）

‡□ **school**
[sku:l]

名 **学校**
▸ after school（放課後）

‡□ **festival**
[féstəvəl]

名 **祭り**

‡□ **next**
[nekst]

形 **次の**
副 **次に**
関連 この前の ▸ last

‡□ **weekend**
[wíːkend]

名 **週末**
▸ on weekends（毎週末に）

まとめてチェック

〈曜日　days〉

日曜日 ▸ Sunday	月曜日 ▸ Monday	火曜日 ▸ Tuesday
水曜日 ▸ Wednesday	木曜日 ▸ Thursday	金曜日 ▸ Friday
土曜日 ▸ Saturday		

〈季節　seasons〉

春 ▸ spring　　夏 ▸ summer　　秋 ▸ fall, autumn　　冬 ▸ winter

〈月　months〉

1月 ▸ January	2月 ▸ February	3月 ▸ March
4月 ▸ April	5月 ▸ May	6月 ▸ June
7月 ▸ July	8月 ▸ August	9月 ▸ September
10月 ▸ October	11月 ▸ November	12月 ▸ December

Do you know Adam?
— Yes, I do.　I know him well.　He's a good friend of mine.

アダムを知っていますか。－はい，彼をよく知っています。ぼくのよい友だちです。

do [du(:)]
- 助 疑問文／否定文をつくる
- 3単現 does　過去 did
- 代 あなた，あなたがた ☞ p.19 代名詞

you [ju(:)]

know ❶つづり [nou]
- 動 〜を知っている
- 過去 knew　過分 known

yes [jes]
- 副 はい
- 関連 いいえ ▶ no

him [him]
- 代 彼を，彼に（he の目的格）☞ p.19 代名詞

well [wel]
- 副 よく，じょうずに
- 間 ええと
- 比較 better － best

he [hi:]
- 代 彼は，彼が ☞ p.19 代名詞
- 複数形 they

a [ə]
- 冠 1つの
- ◆母音で始まる語の前では an を使う。

good [gud]
- 形 よい
- 比較 better － best
- 関連 悪い ▶ bad

friend ❶つづり [frend]
- 名 友人，友だち
- ▶ a friend of mine（私の友だち）

of [ɑv, ɔv]
- 前 〜の
- ▶ the name of the flower（その花の名前）

mine [main]
- 代 私のもの ☞ p.19 代名詞
- ◆1語で〈my＋名詞〉の意味を表す。

> Excuse me. How much is this?
> ― It's one thousand two hundred yen.

すみません，これはいくらですか。―1,200円で

⁑□**Excuse me.**	熟 **失礼します。／すみません。**
	単語 excuse[ikskjúːz] ▶動 ～を許す
	関連 ごめんなさい。▶I'm sorry.
⁑□**How much ～?**	熟 **いくらの～**
	◆物の値段や，数えられない物の量をたずねる とき に使う。
	関連 （数をたずねて）いくつの～
	▶ How many ～?
⁑□**this**	代 **これ** 形 **この**
[ðis]	複数形 these
	関連 あれ，あの ▶that
⁑□**one**	名形 **1（の）** ☞ p.15 基数・序数
[wʌn]	▶ one day（ある日）
⁑□**thousand** ❶つづり	名形 **1,000（の）** ☞ p.15 基数・序数
[θáuz(ə)nd]	▶ thousands of ～（何千もの～）
⁑□**two**	名形 **2（の）** ☞ p.15 基数・序数
[tuː]	関連 2番目（の）▶ second
⁑□**hundred**	名形 **100（の）** ☞ p.15 基数・序数
[hʌ́ndrəd]	▶ hundreds of ～（何百もの～）
⁑□**yen**	名 **円（日本の通貨単位）**
[jen]	複数形 yen ◆yen は単数形と複数形が同じ形
	two hundred ˣyens としない。
	関連 ドル ▶ dollar

〈基数・序数　numbers〉

◆「1つ，2つ…」と個数を表すときには基数を，「第1，第2…」と順序を表すときには序数を使う。

	〈基数〉	〈序数〉		〈基数〉	〈序数〉
1	one	first	20	twenty	twentieth
2	two	second	21	twenty-one	twenty-first
3	three	third	22	twenty-two	twenty-second
4	four	fourth	23	twenty-three	twenty-third
5	five	fifth	24	twenty-four	twenty-fourth
6	six	sixth	25	twenty-five	twenty-fifth
7	seven	seventh	26	twenty-six	twenty-sixth
8	eight	eighth	27	twenty-seven	twenty-seventh
9	nine	ninth	28	twenty-eight	twenty-eighth
10	ten	tenth	29	twenty-nine	twenty-ninth
11	eleven	eleventh	30	thirty	thirtieth
12	twelve	twelfth	31	thirty-one	thirty-first
13	thirteen	thirteenth			
14	fourteen	fourteenth	40	forty	fortieth
15	fifteen	fifteenth	50	fifty	fiftieth
16	sixteen	sixteenth	60	sixty	sixtieth
17	seventeen	seventeenth	70	seventy	seventieth
18	eighteen	eighteenth	80	eighty	eightieth
19	nineteen	nineteenth	90	ninety	ninetieth

0	zero
100	one hundred
1,000	one thousand
10,000	ten thousand
54,321	fifty-four thousand three hundred（and）twenty-one
100,000	one hundred thousand
1,000,000	one million

Who is that man with the glasses？
— He is our new English teacher.

あのめがねをかけた男性はだれ？－彼は私たちの新しい英語の先生で

□who
[hu:]

代 **だれ**

□that
[ðæt]

形 **あの** 代 **あれ**
複数形 those
関連 この，これ ▶ this

□man
[mæn]

名 **男の人，男性**
複数形 men ◆sをつけずに不規則に変化する。
関連 女の人 ▶ woman

□with
[wið]

前 **〜をもった，〜といっしょに**
▶ go with him （彼といっしょに行く）

□glass
[glæs]

名 **コップ，ガラス，（複数形で）めがね**

□our
[áuər]

代 **私たちの** ☞ p.19 代名詞
◆hour（1時間）と発音が同じ。

□new
[n(j)u:]

形 **新しい**
◆know（〜を知っている）の過去形knew
と発音が同じ。
関連 古い ▶ old

□English
[íŋgliʃ]

形 **英語の** 名 **英語**
関連 イングランド ▶ England

□teacher
[tí:tʃər]

名 **先生**
関連 教える ▶ teach
生徒 ▶ student

OK, everyone.　Look at the camera and smile !

はい，みんな。カメラを見て笑って！

] OK
[oukéi]

形副 **よろしい**
◆ okay / O.K. ともつづる。
（関連）よろしい ▶ all right

] everyone
[évriwʌn]

代 **みんな，だれでも**
◆ 文の主語になるときは単数として扱う。
　▶ Everyone likes this song.
　　（だれでもこの歌が好きです。）
（関連）だれでも ▶ everybody（everyone よりもや
　　やくだけた言い方）

] look at 〜

熟 **〜を見る**
◆「(何かを見ようとして)目を向ける」という意味。
（関連）見上げる ▶ **look up**
　　　　見下ろす ▶ **look down**

] camera
[kǽm(ə)rə]

名 **カメラ**
（関連）写真 ▶ picture, photo

] and
[ænd]

接 **〜と…，そして**
（関連）しかし ▶ but
　　　　または ▶ or

] smile
[smail]

動 **ほほえむ** 名 **ほほえみ**
　▶ with a smile（ほほえみながら）

Please write your name, phone number and e-mail address here.

あなたの名前と電話番号とメールアドレスをここに書いてくださ

‡□ **please**
[pli:z]

圓 どうぞ
◆命令文につけると，命令の調子をやわらげる
とができる。
動 〜を喜ばせる

‡□ **write**
[rait]

動 〜を書く
◆right（正しい）と発音が同じ。
過去 wrote　過分 written ❶つづり
関連 〜に手紙を書く ▶write to 〜
　　　〜に返事を書く ▶write back to 〜,
　　　　　　　　　　　　write 〜 back

‡□ **your**
[juər]

代 あなたの，あなたがたの　☞ p.19 代名詞

‡□ **phone**
[foun] ❶発音

名 電話
◆telephone を短縮した形。
▶on the phone（電話で）

‡□ **number**
[nÁmbər]

名 数，番号

‡□ **e-mail**
[í:meil]

名 Eメール
▶send an e-mail（Eメールを送る）

*□ **address** ❶つづり
[ədrés]

名 住所

‡□ **here**
[hiər]

圓 ここに〔で〕 名 ここ
▶Come here.（こっちに来て。）
◆hear（〜を聞く）と発音が同じ。
関連 そこに〔で〕 ▶there

Where are you from?

— I'm from a small village in Nagano Prefecture.

出身はどこですか？ー長野県の小さな村の出身です。

where [hweər]	副 どこ
are [ɑːr]	動 ～である，ある，いる ☞ p.28　beの現在形 過去 were　過分 been
small [smɔːl]	形 小さい （関連）大きい ▶large, big
village ❶つづり [vílidʒ]	名 村 （関連）町 ▶town
in [in]	前 ～(の中)に〔で〕　副 中に ① 場所：「～の中に」という意味で用いる 　▶in the room（部屋に），in Japan（日本で） ② 時：午前・午後，月，季節，年に用いる 　▶in the morning（朝に），in June（6月に）
prefecture [príːfektʃər] ❶発音	名 県 （関連）市 ▶city

〈代名詞の変化〉

		主格 ～は，が	所有格 ～の	目的格 ～を，に	所有代名詞 ～のもの
単数	私	I	my	me	mine
	あなた	you	your	you	yours
	彼	he	his	him	his
	彼女	she	her	her	hers
	それ	it	its	it	—
複数	私たち	we	our	us	ours
	あなたたち	you	your	you	yours
	彼ら，彼女ら，それら	they	their	them	theirs

文法ガイド

My **host family** is **very nice**. My **classmates** are **friendly to** me, too.

ぼくのホストファミリーはとても親切です。クラスメイトもぼくに親しくしてくれていま

*☐ host
[houst]

图 **主人**
◆客をもてなす側の人。
▶ host mother（ホストマザー，ホームステイ先
お母さん）
（関連） 客 ▶ guest

*☐ family
[fǽm(ə)li]

图 **家族**
複数形 families ❶つづり

*☐ very
[véri]

副 **とても**

*☐ nice
[nais]

形 **すてきな，親切な**
▶ Have a nice day.（よい1日を。）

*☐ classmate
[klǽsmeit]

图 **クラスメイト**
（関連） クラス，組 ▶ class

*☐ friendly ❶つづり
[fréndli]

形 **友好的な，親しい**
（関連） 图 友だち ▶ friend

*☐ to
[tu(ː)]

前 **～に，～へ，～まで**
▶ go to school（学校へ行く）

*☐ me
[miː]

代 **私を，私に**（Iの目的格）　☞ *p.19* 代名詞

*☐ too
[tuː]

副 **～も（また），あまりに～すぎる**
◆否定文で「～も（…ない）」と言うときに
too の代わりに either を使う。
（関連） ～もまた ▶ also

Do you **play any musical instruments**?
― Well, I **play** the **violin, but** I'm **not very good at** it.

何か楽器はひくの？－ええと，バイオリンをひくけど，あまりじょうずじゃないんだ。

play
[plei]

🔲 （楽器）を演奏する，（スポーツ）をする，
遊ぶ
🔲 遊び，劇
▶ play the piano（ピアノをひく）
▶ play soccer（サッカーをする）
（関連）選手，プレーヤー ▶ player

any
[éni]

🔲 （疑問文で）**何か，少しでも，**
（否定文で）**少しも（～ない）,**
（肯定文で）どんな～も
▶ Do you have any questions?
（何か質問はありますか。）
▶ I don't have any sisters.
（私には姉妹は1人もいません。）
（関連）（肯定文で）いくつか ▶ some

**musical
instrument**
[mjú:zikəl ínstrəmənt]

🔲 **楽器**
◆ musical（音楽の）＋instrument（道具）。
（関連）音楽 ▶ music

violin
[vaiəlín] ❗発音

🔲 **バイオリン**

but
[bʌt]

🔲 **しかし**
（関連）そして ▶ and

be good at ～

🔲 **～がじょうず〔得意〕だ**
（関連）～がへただ ▶ be poor at ～

not very ～

🔲 **あまり～でない**
▶ It's not very cold today.
（今日はあまり寒くはありません。）
（関連）少しも～ない ▶ not ～ at all

21

Is this Yuki's **tennis racket**?

ー No, it's **not hers**. **She uses a black one**.

これはユキのテニスラケット？ ーいや，それは彼女のものじゃないよ。彼女は黒いのを使っている

‡□**tennis** [ténis]	名 **テニス** ☞ *p.43* スポーツ
*□**racket** [rǽkit]	名 **ラケット**
‡□**not** [nɑt]	副 **〜ない** ◆否定文をつくる。 ☞ *p.32, 84* 否定の短縮形
*□**hers** [hɚ́rz]	代 **彼女のもの** ☞ *p.19* 代名詞
‡□**she** [ʃiː]	代 **彼女は，彼女が** ☞ *p.19* 代名詞
‡□**use** [juːz]	動 **〜を使う**
*□**black** [blæk]	形 **黒い** 名 **黒色** ☞ *p.62* 色 (関連) 白(い) ▶ white
‡□**one** (復習) [wʌn]	代 **もの** ◆前に出た名詞の代わりに使われる代名詞。 ▶ Do you have a pen? ー Yes, I have one (＝a pen) (ペンを持っていますか。 ーはい，持っています。

文法ガイド

〈3単現〉

　　現在の文で，主語が3人称（自分・相手以外の第三者）で単数のとき，一般動詞の語尾にはsをつけます。疑問文は主語の前にdoesを，否定文は動詞の前にdoesn'tをおきます。どちらの場合も動詞は原形（sのつかないもとの形）になります。

▶ Ken plays tennis.　　　（ケンはテニスをします。）
▶ Does Ken play tennis?　（ケンはテニスをしますか。）
▶ Ken doesn't play tennis.（ケンはテニスをしません。）

I don't **have** a **map**. **How about** you?
― I don't **have** one, **either**.

私は地図を持っていません。あなたはどうですか。―私も持っていません。

have [hæv]	動 ～を持っている，食べる，経験する 3単現 has　過去 had　過分 had ▶ have a dog （犬を飼っている） ▶ have lunch （昼食を食べる） ▶ have a party （パーティーを開く）
map [mæp]	名 地図
How about ～?	熟 ～はどうですか。／～はいかがですか。 (関連) ～はどうですか。▶ What about ～?
either ❶つづり [íːðər]	副 ～もまた(…ない) ◆ 否定文でtooの代わりに使う。 (関連) (肯定文で) ～もまた ▶ too

I **like** your **T-shirt**, Sarah.　I **actually** **have** one **like** it, too.

あなたのTシャツいいね，サラ。私も実はそれに似たのを持っているの。

like [laik]	動 ～が好きだ (関連) ～が大好きだ ▶ love
T-shirt [tíːʃəːrt]	名 Tシャツ (関連) シャツ ▶ shirt
actually [ǽktʃuəli]	副 実際は
like [laik]	前 ～のような，～に似た ◆ このlikeは前置詞。「～が好きだ」の意味の動詞 　 likeとは別の語。 ▶ She looks like her mother. 　 （彼女はお母さんに似ています。）

Do you have any pets?

― I have a **rabbit**. It's **really cute**. It has **long ears**.

何かペットは飼っているの？－ウサギを飼っているよ。本当にかわいいよ。長い耳をしているん

*□ **pet** [pet]	名 **ペット**
*□ **rabbit** [rǽbit]	名 **ウサギ**
*□ **really** [ríː(ə)li]	副 **本当に**
*□ **cute** [kjuːt]	形 **かわいらしい** (関連) きれいな，かわいらしい ▶ pretty
*□ **long** [lɔ(ː)ŋ]	形 **長い** 副 **長く** (関連) 短い ▶ short
*□ **ear** [iər]	名 **耳**

まとめてチェック

〈体 body〉

head ▶ 頭	hair ▶ 髪	face ▶ 顔	chest ▶ 胸
neck ▶ 首	shoulder ▶ 肩	arm ▶ 腕	hand ▶ 手
finger ▶ 指	thumb ▶ 親指	elbow ▶ ひじ	wrist ▶ 手首
leg ▶ 脚	foot ▶ 足	heel ▶ かかと	toe ▶ つま先
knee ▶ ひざ	ankle ▶ 足首		
brain ▶ 脳	throat ▶ のど	stomach ▶ 胃, 腹	heart ▶ 心臓
muscle ▶ 筋肉	bone ▶ 骨		

〈顔 face〉

eye ▶ 目	ear ▶ 耳	nose ▶ 鼻	mouth ▶ 口
tooth ▶ 歯	lip ▶ くちびる	cheek ▶ ほほ	eyebrow ▶ まゆ
chin ▶ あご			

Dinner is at eight p.m., so come back home before then.
— OK, Mom.　Bye!

夕飯は午後8時だから，その前に帰ってきてね。—わかったよ，お母さん。じゃあね！

dinner
[dínər]

名　夕食

関連　朝食 ▶ breakfast　昼食 ▶ lunch

at
[æt]

前　〜に，〜で　◆時刻・場所を表す。

▶ at six（6時に）

▶ at school（学校で）

eight ❶つづり
[eit]

名形　8（の）　☞ p.15　基数・序数

関連　8番目（の）▶ eighth ❶つづり

p.m.
[píːém]

副　午後　◆5:00 p.m.のように数字のあとにおく。
×p.m. 5:00 とはしない。

関連　午前 ▶ a.m.

so
[sou]

接　それで，だから

副　そんなに，そのように

come back

熟　帰ってくる，戻る

home
[houm]

副　家に　▶ go home（帰宅する）

名　家，家庭　▶ at home（家で）

before
[bifɔ́ːr]

前　〜の前に

接　〜する前に　副　以前に

関連　〜のあとに ▶ after

then
[ðen]

名　そのとき　副　それから，そのとき

▶ since then（そのとき以来）

mom
[mɑm]

名　お母さん　◆motherのくだけた言い方で，子どもが母親に呼びかけるときによく使われる。大文字で始めることが多い。

関連　お父さん ▶ dad

bye
[bai]

間　さよなら　◆Goodbye. がふつう。Bye. だけのあいさつは，家族や友人などの親しい人どうしで使われる。

25

Thank you very much for your kindness.

― It's my pleasure.

ご親切どうもありがとうございます。―どういたしまし〔…〕

□ **Thank you for ～.**	熟 ～をありがとう。
	単語 thank[θæŋk] ▶動 ～に感謝する　名 感謝
□ **very much**	熟 大いに，とても
□ **kindness** [káin(d)nis]	名 親切
	関連 形 親切な ▶ kind
*□ **pleasure** ❶つづり [pléʒər]	名 喜び
	◆ It's my pleasure. は，文字通りには「それは私〔…〕 喜びです。」の意味だが，相手からお礼を言わ〔…〕 て「どういたしまして。」と応じるときに使わ〔…〕 る表現（＝ You're welcome.）。
	関連 動 ～を喜ばせる ▶ please

まとめてチェック

〈代名詞＋be動詞の短縮形〉

I am　→ I'm	you are → you're	
he is　→ he's	she is　→ she's	it is → it's
we are → we're	they are → they're	

How often do you have dance lessons?
— Twice a week.

ダンスのレッスンは何回あるの？－一週に2回です。

How often 〜?
熟 何回〜，何度〜
◆ often は「しばしば，よく」の意味。「どれくらいの頻度で〜」とたずねるときに使う。
関連 何回〜 ▶ How many times 〜?

have 復習
[hæv]
動 〜を持っている，（授業など）を受ける
▶ We have six classes today.
（私たちは今日，6時間授業があります。）

dance
[dæns]
名 踊り 動 踊る
関連 歌 ▶ song
歌う ▶ sing

lesson ❶つづり
[lésn]
名 レッスン

twice
[twais]
副 2度，2倍
◆ two times（2度，2倍）を1語で表す語。
関連 1度 ▶ once
何度も ▶ many times

a 復習
[ə]
冠 （1つの）〜につき
▶ three times a day （1日に3回）

week
[wi:k]
名 週
関連 形 毎週の ▶ weekly

Be careful, John.　Don't touch the pot.　It's very hot.

気をつけて，ジョン。なべにさわらないで。とても熱いか▶

‡□ **be**

[bi(:)]

助動 be動詞の原形

◆ be という形は命令文，助動詞のあと，不定詞
（toのあと）で使われる。

be は主語によって次のように使い分ける。

〈beの現在形〉

主語	原形	現在形
I		am
he, she, it	be	is
you, we, they		are

‡□ **careful**

[kéərfəl]

形　注意深い

◆ Be careful.（気をつけて。）の形でよく使われる。

関連 名 注意 ▶ care

　　 副 注意深く ▶ carefully

‡□ **touch** ❶つづり

[tʌtʃ]

動　～にさわる

□ **pot**

[pɑt]

名　なべ

◆ 深めのものをさす。

関連 （フライパンのような）浅めのなべ ▶ pan

‡□ **hot**

[hɑt]

形　熱い，暑い

比較 hotter — hottest ❶つづり

関連 冷たい，寒い ▶ cold

Let's meet in front of the movie theater at noon.
― Sounds good.　See you soon.

正午に映画館の前で会おう。―いいわね。じゃ，またすぐにね。

☐ **let's** [lets]	**～しましょう** ◆ let us を短縮した形。あとには必ず動詞の原形がくる。 （関連）～させる ▶ let
☐ **meet** [mi:t]	動 **～に会う** 過去 met　過分 met （関連）名 会合 ▶ meeting
☐ **in front of ～**	熟 **～の前に** ◆ 場所が「すぐ前に」の意味。 （単語）front[frʌnt] ▶名 前部，正面 （関連）～の後ろに ▶ behind
☐ **movie** [múːvi]	名 **映画**
☐ **theater** [θíətər]	名 **劇場** ▶ movie theater（映画館）
☐ **noon** [nuːn]	名 **正午** （関連）真夜中 ▶ midnight
☐ **Sounds good.**	熟 **よさそうですね。** ◆ 相手が言った提案などに「それはいいですね。」と同意する表現。That sounds good. の That が省略された形。 （単語）sound[saund] ▶動 ～に聞こえる
☐ **See you soon.**	熟 **ではまた，すぐにね。** ◆ 別れるときのあいさつ。See you later.（ではまた，あとで。），See you tomorrow.（ではまた，明日。）などの形も使う。
☐ **soon** [suːn]	副 **すぐに，まもなく**

How many classes do you have today?
— Six.　The last one ends at five thirty.

今日はいくつ授業があるの？－6つ。最後の授業は5時半に終わる。

□ How many ～?

〔熟〕 いくつの～

◆数をたずねる言い方。manyのあとには数えら
　る名詞の複数形がくる。

〔関連〕（量が）いくらの～ ▶ How much ～?

□ class
[klæs]

〔名〕 授業, クラス, 組

〔関連〕 教室 ▶ classroom
　　　　クラスメイト ▶ classmate

□ six
[siks]

〔名〕〔形〕 6（の）　☞ p.15 基数・序数

〔関連〕 6番目（の）▶ sixth

□ last
[læst]

〔形〕 最後の, この前の

▶ last Sunday（この前の日曜日）

〔関連〕 最初の ▶ first
　　　　次の ▶ next

□ end
[end]

〔動〕 終わる　〔名〕 終わり

▶ at the end of the month（その月の終わりに）

〔関連〕 始まる ▶ begin, start

□ five
[faiv]

〔名〕〔形〕 5（の）　☞ p.15 基数・序数

〔関連〕 5番目（の）▶ fifth

□ thirty ❶つづり
[θə́ːrti]

〔名〕〔形〕 30（の）　☞ p.15 基数・序数

〔関連〕 30番目（の）▶ thirtieth

Ms. Taylor, I have some questions about the test.
— Sure, Fred.　Go ahead.

テイラー先生，テストについていくつか質問があるのですが。―わかりました，フレッド。どうぞ。

Ms. [miz]	名 **〜さん，〜先生** ◆女性の姓や〈名＋姓〉の前につける敬称。 関連 （男性につける敬称）▶Mr.
some [sʌm]	形 **いくつかの，いくらかの** 代 **いくつか，いくらか** ◆数えられる名詞にも，数えられない名詞にも使うことができる。ふつう肯定文で使われるが，相手に物をすすめるときなどには疑問文でも使われる。 ▶Do you want some sugar with your tea ? （紅茶に砂糖を入れますか。） 関連 （疑問文・否定文で）いくつかの ▶any
question [kwéstʃən]	名 **質問** 関連 答え ▶answer
about [əbáut]	前 **〜について** 副 およそ，約 ▶How about 〜? （〜はどうですか。）
test [test]	名 **試験，テスト** 関連 試験 ▶exam, examination
sure [ʃuər]	副 ［返事で］**もちろん，いいですとも** 形 確信して
go ahead	熟 （相手をうながして）**さあどうぞ** 単語 go[gou] ▶動 行く ahead[əhéd] ▶副 前方に

This is sashimi.　It's raw fish.　Why don't you try it?
— No, thanks.　I'm full.

これは刺身だよ。生の魚なんだ。ためしてみなよ。―いえ，結構です。おなかいっぱいで

□ **raw** [rɔː] ❶発音	形 **生の** ◆火の通っていない状態をさす。
□ **fish [fiʃ]	名 **魚** 複数形 fish ◆単数形と複数形が同じ形。 動 **釣りをする**
□ **Why don't you ～?	熟 **～してはどうですか。／～しませんか。** ◆相手を誘ったり，何かを提案したりするときに使う 関連 （私たちでいっしょに）～しませんか。 　　　▶ Why don't we ～?
□ **try [trai]	動 **～をためしてみる** 3単現 tries　過去 tried　過分 tried ❶つづり
*□ **No, thanks.**	熟 **いいえ，結構です。** ◆相手の提案に対して断るときのくだけた言い方 　No, thank you. がよりていねいな言い方。
*□ **full** ❶つづり [ful]	形 **いっぱいの，満腹の** ▶ be full of ～（～でいっぱいである）

〈否定の短縮形〉(1)

まとめてチェック

is not	→	isn't	are not	→	aren't
do not	→	don't	does not	→	doesn't
can not	→	can't, cannot			

＊am not に短縮形はない。

I like that **pianist**. I have **many** of **her** CDs. The **sound** of **her piano** is **special**.

私はあのピアニストが好きです。彼女のCDの多くを持っています。彼女のピアノの音は特別です。

pianist
[piǽnist]

图 **ピアニスト**
(関連) ピアノ ▶ piano

many
[méni]

图 **多くの物〔人〕**
形 **たくさんの**
比較 more ― most
◆数えられる名詞に使う。数えられない名詞には much を使う。
　▶ many children（たくさんの子どもたち）
　▶ much water（たくさんの水）
(関連) たくさんの ▶ a lot of　◆数えられる名詞にも, 数えられない名詞にも使うことができる。

her
[hə:r]

代 **彼女の, 彼女を〔に〕**　☞ p.19　代名詞
◆she の所有格と目的格。

CD
[síːdíː]

图 **CD**
◆compact disc（コンパクトディスク）の略。

sound
[saund]

图 **音**　動 **～に聞こえる**

piano
[piǽnou] ❶発音

图 **ピアノ**　☞ p.47　楽器

special
[spéʃ(ə)l]

形 **特別の**

Is it already seven fifty?
— Yes, hurry up!　Class starts in ten minutes!

もう7時50分なの？ーそうよ，急ぎなさい！　10分で授業が始まる。

*□ **already** [ɔːlrédi]	副 すでに，もう
□ seven [sévən]	名形 **7（の）**　☞ p.15 基数・序数 (関連) 7番目（の）▶ seventh
□ fifty ❶つづり [fífti]	名形 **50（の）**　☞ p.15 基数・序数 (関連) 50番目（の）▶ fiftieth
*□ **hurry up**	熟 急ぐ (単語) hurry[hə́ːri] ▶動 急ぐ
□ start [stɑːrt]	動 ～を始める，始まる (関連) 始まる ▶ begin 　　　終わる ▶ end
□ in (復習) [in]	前 (時の経過を表して)(今から)～後に ▶ in an hour (今から1時間後に)
□ ten [ten]	名形 **10（の）**　☞ p.15 基数・序数 (関連) 10番目（の）▶ tenth
□ minute ❶つづり [mínit]	名 分

Hi, Sarah, this is Mike.　What are you doing right now?
— I'm watching TV at home.　Why?

やあ，サラ。マイクだよ。今何をしているの？ー家でテレビを見ているの。どうし

□ hi [hai]	間 **やあ**　◆くだけたあいさつ。 ▶ Say hi to Bob. (ボブによろしくね。) (関連) やあ，こんにちは ▶ hello

]**this is ～**	熟 **こちらは～です，これは～です**
	◆ this is ～は近くの物をさすほかに，「こちらは～です」と，人を紹介するときや電話で自分の名前を名乗るときにも使う。
]**do** (復習) [du(:)]	動 **～をする**
	◆ 疑問文や否定文をつくる助動詞としてのdoのほかに，動詞としての意味もある。
	3単現 does　過去 did　過分 done
]**right now**	熟 **ただ今は，今すぐに**
	単語 right[rait] ▶副 ちょうど
	now[nau] ▶副 今
]**watch** [watʃ]	動 **～を（じっと）見る**
	◆「～に目を向ける」の意味のlook at ～ とちがい，「動きのあるものをじっと見る」ときに使う。
	名 うで時計
	関連 ～を見る ▶ look at ～
]**TV** [tíːvíː]	名 **テレビ**（＝television）
	▶ on TV（テレビで）
]**at home**	熟 **家で〔に〕**
	単語 home[houm] ▶名 家庭，家
]**why** [ʰwai]	副 **なぜ**

文法ガイド

〈現在進行形〉

〈be動詞(am, is, are)＋動詞のing形〉で「(今)～しています」という意味で，現在進行中の動作を表します。

▶ 現在の文…習慣的な動作を表す。

Sarah watches TV every day. （サラは毎日テレビを見ます。）

▶ 現在進行形の文…今行われている最中の動作を表す。

Sarah is watching TV.

（サラは〈今〉テレビを見ているところです。）

A group of boys are flying kites in the field.

男の子の一群が原っぱでたこあげをしていま

*□ **a group of ～**

🔵 一群の～
（単語）group[gru:p] ▶ 名 集団，グループ

□ **boy
[bɔi]

名 男の子
（関連）女の子 ▶ girl

*□ **fly**
[flai]

動 飛ぶ，～を飛ばす
3単現 flies　過去 flew　過分 flown

□ **kite**
[kait]

名 たこ

*□ **field** ❶つづり
[fi:ld]

名 畑，野原，競技場

I'm learning English conversation from a native speaker.

私は英語を母語とする人から英会話を学んでいま

□ **learn
[lə:rn] ❶発音

動 ～を学ぶ，習う

*□ **conversation**
[kɑnvərséiʃən]

名 会話

□ **from
[frəm]

前 ～から
▶ a letter from my uncle（おじからの手紙）

*□ **native**
[néitiv]

形 母国の，その地で生まれた

□ **speaker
[spí:kər]

名 話す人
▶ a native speaker of English（英語を母語とする人
（関連）動 話す ▶ speak

🎧 **030** お知らせ・広告

> Are you **looking for** a new **shirt**?   I know a good **store**!

新しいシャツを探しているの？   いいお店を知っているよ！

look for ～	熟 **～を探す**
shirt [ʃəːrt] ❶発音	名 **シャツ**
store [stɔːr]	名 **店**

🎧 **031** 学校

> We are doing an **interesting experiment** in **science** class.

私たちは理科の授業でおもしろい実験をしています。

we [wiː]	代 **私たちは〔が〕** ☞ *p.19* 代名詞
an [ən]	冠 **1つの** ◆ 母音で始まる語の前で, a の代わりに使う。
interesting [íntəristiŋ]	形 **おもしろい, 興味深い** 比較 more ～ － most ～
experiment [ikspérəmənt]	名 **実験**
science ❶つづり [sáiəns]	名 **理科, 科学** （関連）科学者 ▶ scientist

まとめてチェック

〈教科　subjects〉

国語 ▶ Japanese	英語 ▶ English	数学 ▶ math, mathematics
理科 ▶ science	社会 ▶ social studies	歴史 ▶ history
音楽 ▶ music	美術 ▶ art	体育 ▶ P.E.

I can make curry and rice. It's one of my favorite dishes.

ぼくはカレーライスが作れます。それはぼくの大好きな料理の1つで

‡□ **can** [kən]	助 **〜できる，〜でありえる** 過去 could
‡□ **make** [meik]	動 **〜を作る，〜を…にする** 過去 made　過分 made
□ **curry** [kə́:ri]	名 **カレー**
*□ **rice** [rais]	名 **米，ごはん**
‡□ **one of 〜**	熟 **〜のうちの1つ〔1人〕** ◆あとにくる名詞は複数形になる。 関連 〜の全部 ▶ all of 〜 　　　〜のほとんど ▶ most of 〜 　　　〜のいくつか〔いくらか〕 ▶ some of 〜
‡□ **favorite** [féiv(ə)rit]	形 **お気に入りの，大好きな** 名 **お気に入り(の物〔人〕)**
*□ **dish** [diʃ]	名 **皿，料理** 複数形 dishes ▶ wash the dishes （皿を洗う）

文法ガイド

〈can の文〉

　　助動詞の can のあとには必ず動詞の原形がきて，〈can＋動詞の原形〉の形で，「〜できる」という意味を表します。疑問文は can を主語の前に出し，否定文は can't〔cannot〕を使います。

▶ He <u>can</u> play the piano. （彼はピアノがひけます。）
▶ <u>Can</u> he play the piano？ （彼はピアノがひけますか。）
▶ He <u>can't</u> play the piano. （彼はピアノがひけません。）

Come over here and look at this!　I can't believe it!
— What?　What is it?

こっちに来て，これを見て！　信じられないよ！ー何？　何なの？

come
[kʌm]

動 来る
過去 came 過分 come
(関連) 行く ▶ go

over here

熟 こちらに，こちらの方へ
(関連) 向こうに ▶ over there

believe ❶つづり
[bilíːv]

動 ～を信じる

Can I have two hamburgers and a salad?
— Sure.　Anything else?

ハンバーガー2つとサラダをいただけますか。ーはい。何かほかには？

Can I ～?

熟 ～してもいいですか。
◆相手に許可を求めるときに使う。あとには動詞の原形がくる。May I ～?よりもくだけた言い方。

hamburger
[hǽmbəːrgər]

名 ハンバーガー
(関連) フライドポテト ▶ French fries

salad
[sǽləd]

名 サラダ

anything
[éniθiŋ]

代 何か，何も
◆ふつう疑問文・否定文で使う。
(関連)（肯定文で）何か ▶ something

else
[els]

副 そのほかに
▶ Anything else?（ほかに何かありますか。）

🎧 035 友人

Happy birthday, Kate!　This is a present for you.
－ Thanks!　Can I open it?

誕生日おめでとう，ケイト。これはきみへのプレゼントだよ。－ありがとう！　開けてもいい

☆□happy [hǽpi]	形 幸福な，楽しい
☆□birthday [bə́:rθdei]	名 誕生日
☆□present [préznt]	名 贈り物，プレゼント
☆□for [fɔːr]	前 ～のための〔に〕，～の間
☆□thank [θæŋk]	名 感謝　動 ～に感謝する 関連 ありがとう。▶Thanks. / Thank you.
☆□open [óup(ə)n]	動 ～を開ける　形 開いた 関連 ～を閉じる▶close

🎧 036 日常会話

Can you get my coat?　It's on the desk over there.
－ I see two coats.　Which is yours?

私のコートを取ってくれる？　そこの机の上にあるの。－コートは2つ見えるよ。どっちがきみの

☆□Can you ～?	熟 ～してくれますか。／～できますか。 ◆相手に何かを依頼するときに使う。あとには動 の原形がくる。気軽に頼むときのくだけた言い方
☆□get [get]	動 ～を手に入れる，持ってくる，～になる 過去 got　過分 got / gotten　-ing形 getting
□coat [kout] ❶発音	名 コート
☆□on [ɑn]	前 ～(の上)に〔で〕 ① 場所：物の表面に接触していることを表す

▶ on the wall（壁に），on the desk（机の上に）
② 時：曜日，日付に用いる
▶ on Sunday（日曜日に），on May 6（5月6日に）

]**desk**
[desk]

名 机

]**over there**

熟 向こうに，あそこに
（関連）こちらに，こちらの方に ▶ over here

]**see**
[siː]

動 ～が見える，～に会う，わかる
過去 saw　過分 seen　◆ look at や watch とちがい，「自然に目に入る」という意味。

]**which**
[hwitʃ]

代 どちら　形 どちらの

]**yours**
[juərz]

代 あなたのもの，あなたたちのもの
☞ p.19　代名詞

🎧 **037**　学校

Can you solve this math problem?
— Let me see.　Oh, yes, it's easy.

この数学の問題解ける？－ええと。ああ，うん。簡単だよ。

]**solve**
[sɑlv]

動 ～を解く

]**math**
[mæθ]

名 数学　◆ mathematics を短縮した語。
☞ p.37　教科

]**problem**
[prάbləm]

名 問題
（関連）質問 ▶ question

]**Let me see.**

熟 ええと。
◆ 話の途中で何かを考えたりするときのつなぎ言葉。
（関連）ええと。▶ Let's see.

]**easy**
[íːzi]

形 簡単な，やさしい
比較 easier － easiest ❶つづり
（関連）副 簡単に ▶ easily

Oh, no, I'm in trouble. ― What's the matter?

まずい，困ったなぁ。―どうしたの

*☆☆**no** [nou]	副 **いいえ** （関連）はい ▶ yes
*☆**be in trouble**	熟 **困っている** （単語）trouble [trʌ́bl] ▶ 名 心配，面倒
*☆**matter** [mǽtər]	名 **事がら，問題** ▶ What's the matter? （どうしたの？／何かあったの？）

That bookstore sells many kinds of comic books and weekly magazines.

その書店はいろいろな種類のまんが本や週刊誌を売っていま

*☐**bookstore** [búkstɔːr]	名 **書店**
*☆**sell** [sel]	動 **～を売る** 過去 sold　過分 sold （関連）～を買う ▶ buy
*☆**many kinds of** **～**	熟 **いろいろな種類の～** （関連）一種の～ ▶ a kind of ～
*☆**comic** [kámik]	名 **まんが**
*☆☆**book** [buk]	名 **本**
☐**weekly** [wíːkli]	形 **毎週の，週刊の** （関連）毎日の ▶ daily　毎月の ▶ monthly
*☐**magazine** [mǽɡəziːn]	名 **雑誌**

Members of the basketball team run ten miles every morning.

バスケットボール部の部員は毎朝10マイル走ります。

member
[mémbər]

名 メンバー，一員
▶ a member of ～（～の一員）

basketball
[bǽskitbɔ:l]

名 バスケットボール

team
[ti:m]

名 チーム
▶ I'm on the baseball team.
（私は野球チームに入っています。）

run
[rʌn]

動 走る
過去 ran 過分 run -ing形 running ❶つづり

mile
[mail]

名 マイル（長さの単位）
◆ 1マイルは約1.6km。

every
[évri]

形 どの～もみな，毎～
◆ everyのあとには単数名詞がくる。
▶ every week（毎週）

morning
[mɔ́:rniŋ]

名 朝
▶ in the morning（朝に，午前中に）
▶ this morning（今朝）
関連 夕方，晩 ▶ evening

〈スポーツ sports〉

badminton ▶ バドミントン
basketball ▶ バスケットボール
jogging ▶ ジョギング
relay ▶ リレー
skating ▶ スケート
soccer ▶ サッカー
tennis ▶ テニス

baseball ▶ 野球
football ▶ フットボール
marathon ▶ マラソン
rugby ▶ ラグビー
skiing ▶ スキー
swimming ▶ 水泳
volleyball ▶ バレーボール

Sayaka, **how** do you **read** this **word**?
— *Tegami*. It **means** "**letter**".

さやか，この単語どう読むの？－テガミ。「手紙」という意味

🏅□ **how** [hau]	副 **どうやって，どんな，どれくらい** ◆手段や方法，様子や状態をたずねる。 ▶ How do you get to school? （あなたはどうやって学校に行きますか。） ▶ How is your mother? （あなたのお母さんはお元気ですか。）
🏅□ **read** [ri:d]	動 **～を読む** 過去 read[red]　過分 read[red]　❶発音
🏅□ **word** [wə:rd]	名 **単語，言葉**
🏅□ **mean** [mi:n]	動 **～を意味する** 過去 meant[ment]　過分 meant[ment]　❶発音 ▶ What do you mean?（**どういう意味ですか。**
🏅□ **letter** ❶つづり [létər]	名 **手紙，文字** ▶ small letter（小文字）

It's **such** a **wonderful** day today.　**Why don't we go** to the
zoo? — That's a **great idea**!

今日はこんなにすばらしい天気だよ。動物園に行こうか？－それはすごくいい考えね

🏅□ **such** [sʌtʃ]	形 **そのような，そんなに～な** ◆a, an や形容詞は such のあとにくる。
🏅□ **wonderful** [wʌ́ndərfl]	形 **すばらしい，すてきな** 比較 more ～ － most ～

Why don't we ～?

熟（いっしょに）～しませんか。

関連 ～してはどうですか。▶Why don't you ～?

go

[gou]

動 行く

▶go to school（学校へ行く）

関連 来る▶come

zoo

[zu:]

名 動物園

関連 水族館▶aquarium

great

[greit]

形 すばらしい，偉大な

▶a great musician（偉大な音楽家）

idea

[aidí(:)ə] ❶発音

名 考え，思いつき

▶I have no idea.（わかりません。）

🎧 043 買い物

I often go shopping at ABC store. They sell nice clothes.

私はよくABC店に買い物に行きます。そこではよい洋服を売っています。

often

[ɔ́(:)fn]

副 しばしば，よく

shopping

[ʃápiŋ]

名 買い物

◆go shopping（買い物に行く），go camping（キャンプに行く）など，go ～ingで「～しに行く」の意味を表す。

関連 店▶shop

they

[ðei]

代 彼らは〔が〕，彼女らは〔が〕，それらは〔が〕

◆he, she, itの複数形。 ☞ p.19 代名詞

clothes

[klouz] ❶発音

名 衣服

◆つねに複数として扱う。

関連 布▶cloth

Get on the bus here, and get off at the last bus stop.
― OK.　By the way, how much is the bus fare?

ここでバスに乗って，最後のバス停で降りてください。―わかりました。ところで，バス料金はいくらです

*□**get on**	熟（電車やバスに）**乗る**
	関連（車やタクシーに）乗る ▶ get in（〜）
□bus** [bʌs]	名 **バス** 複数形 buses
□get off**	熟（〜から）**降りる** 単語 off[ɔ(ː)f] ▶ 副 はなれて，切れて
*□**bus stop** [bʌ́s stɑp]	名 **バス停**
*□**by the way**	熟 **ところで** ◆ 話題を変えるときに使う。 単語 way[wei] ▶ 名 道，方法
□**fare** [feər]	名（乗り物の）**料金**

Mr. Ozawa's son is also a musician.　But unlike his father,
he plays the guitar.

小沢さんの息子もまた音楽家です。しかし，父と違って，彼はギターをひきま

□Mr.** [místər]	名 **〜さん，〜先生** ◆ 男性の敬称。姓または〈名＋姓〉の前につける。 関連（女性に対して）〜さん，〜先生 ▶ Ms.
*□**son** ❗つづり [sʌn]	名 **息子** 関連 娘 ▶ daughter

also

[ɔ́ːlsou]

副 ~もまた

◆ 一般動詞の前かbe動詞のあとにおく。

(関連) ~もまた（文末におく） ▶ too

musician

[mjuːzíʃən] ❶ 発音

名 音楽家，ミュージシャン

(関連) 音楽 ▶ music

unlike

[ʌnláik]

前 ~とは違って

◆ un-は形容詞や副詞の前について，反対の意味の
語をつくる働きをすることが多い。
happy（幸せな）→ unhappy（不幸な）

(関連) ~のような，～に似て ▶ like

his

[hiz]

代 彼の，彼のもの ☞ p.19 代名詞

複数形 their（彼らの），theirs（彼らのもの）

father

[fáːðər]

名 父

(関連) 母 ▶ mother

guitar

[gitáːr] ❶ 発音

名 ギター

まとめてチェック

〈音楽 music〉

pop music ▶ ポピュラー音楽　　classical music ▶ クラシック音楽

band　　　▶ バンド，楽団　　　brass band ▶ ブラスバンド，吹奏楽団

chorus　　　▶ 合唱　　　　　　musical　　　▶ 音楽の，ミュージカル

musical instrument[または単に instrument] ▶ 楽器

〈楽器 musical instruments〉

「(楽器)を演奏する」はふつう〈play the (楽器名)〉で表します。

flute ▶ フルート　　　　　　guitar ▶ ギター

piano ▶ ピアノ　　　　　　　violin ▶ バイオリン

drums ▶ ドラム　　　　　　　trumpet ▶ トランペット

In **America**, many schools have a **cafeteria**.
But in Japan, we **usually** have **lunch** in the **classroom**.

アメリカでは，多くの学校に食堂があります。しかし日本では，私たちはふつう教室で昼食を食べま〔

America
[əmérikə]

　图 **アメリカ** ☞ p.77 国
　◆「アメリカ合衆国」は正式にはthe United Stat〔
　　of Americaと言う。
　（関連）图 アメリカ人　形 アメリカ(人)の
　　　　　　　▶ American

cafeteria
[kæfətí(ə)riə]

　图 **カフェテリア，食堂**
　◆ セルフサービス形式の食堂をさす。

usually
[júːʒuəli]

　副 **ふつう，たいてい**
　（関連）しばしば ▶ often

lunch
[lʌntʃ]

　图 **昼食**
　▶ have［eat］lunch（昼食を食べる）
　（関連）夕食 ▶ dinner

classroom
[klǽsruː(ː)m]

　图 **教室**
　◆ class(授業，クラス)＋room(部屋)。

まとめてチェック

〈食べ物 food〉
　果物・野菜など

bean ▶豆	cabbage ▶キャベツ	carrot ▶にんじん
cucumber ▶きゅうり	eggplant ▶なす	grape ▶ぶどう
mushroom ▶きのこ	onion ▶たまねぎ	orange ▶オレンジ
pumpkin ▶かぼちゃ	strawberry ▶いちご	tomato ▶トマト

　料理・お菓子など

| candy ▶キャンディー | ice cream ▶アイスクリーム | noodle ▶麺 |
| pizza ▶ピザ | sandwich ▶サンドイッチ | toast ▶トースト |

　調味料など

| butter ▶バター | honey ▶はちみつ | jam ▶ジャム |
| pepper ▶こしょう | salt ▶塩 | sugar ▶砂糖 |

Level 2

レベル2

Whose dictionary is this?

― It's mine. I got it just recently.

これはだれの辞書？ーぼくのだよ。つい最近買ったん

*□ **whose**
[huːz]

*□ **dictionary**
[díkʃənəri]

*□ **mine** （復習）
[main]

*□ **get** （復習）
[get]

*□ **just**
[dʒəst]

*□ **recently**
[ríːsntli]

形 **だれの**
（関連）だれ ▶ who

名 **辞書**
[複数形] dictionaries ❗つづり

代 **私のもの** ☞ *p.19* 代名詞
◆ 1語で〈my ＋名詞〉の意味を表す。上の例文で
my dictionary の代わりに使われている。

動 **〜を手に入れる，買う**
[過去] got [過分] got / gotten

副 **ちょうど，ただ**
▶ I'm just looking.（ただ見ているだけです。）

副 **最近**
◆ おもに過去の文または現在完了の文で使われる
（関連）このごろ，近ごろ ▶ these days（おもに
在の文で使う）

文法ガイド

〈過去の文〉

　過去のことを表すときは，動詞を過去形にします。

　動詞には原形（もとの形）の語尾に -(e)d をつけて過去形をつくる
規則動詞と，不規則に変化する不規則動詞とがあります。不規則
動詞は1語ずつその変化を覚えましょう。

　疑問文は主語の前に did を，否定文は動詞の前に didn't をおきま
す。どちらの場合も動詞は原形になります。

▶ She played tennis. （彼女はテニスをしました。）
▶ Did she play tennis? （彼女はテニスをしましたか。）
▶ She didn't play tennis. （彼女はテニスをしませんでした。）

Mom, I have good news! I won first prize in the speech contest. — I'm so proud of you, Jim.

お母さん，よい知らせがあるよ。スピーチコンテストで1等賞をとったよ。—あなたをすごく誇りに思うよ，ジム。

Level 2

news
[n(j)uːz] ❶発音

名 ニュース，知らせ
◆ 数えられない名詞なので，a をつけない。

win
[win]

動 ～を勝ち取る，～に勝つ
過去 won[wʌn] 過分 won[wʌn] ❶発音
-ing形 winning
▶ win a game（試合に勝つ）

first (復習)
[fəːrst]

形 第1の，1番目の ☞ p.15 基数・序数

prize
[praiz]

名 賞

speech ❶つづり
[spiːtʃ]

名 スピーチ，演説
▶ make a speech（スピーチをする）
(関連) 動 ～を話す ▶ speak

contest
[kántest]

名 コンテスト

so (復習)
[sou]

副 ずいぶん，そんなに

proud
[praud] ❶発音

形 誇りを持っている
▶ be proud of ～（～を誇りに思う）
(関連) 名 誇り，プライド ▶ pride

Kyoto is a **city with** a long **history**.
It **was once** the **capital** of Japan.

京都は長い歴史をもつ都市です。それはかつて日本の首都でし

‡□**city**
[síti]

‡□**with** (復習)
[wið]

‡□**history**
[híst(ə)ri]

‡□**was**
[wɑz]

‡□**once** ❶つづり
[wʌns]

□**capital**
[kǽpətl]

名 **市，都市**
[複数形] cities ❶つづり
(関連) 村 ▶village

前 **～をもった，～といっしょに**

名 **歴史**
▶world history（世界史）

動 **am，isの過去形**
◆主語が1か3人称単数のときに使う。

副 **1度，かつて**
▶once a week（週に1度）
(関連) 2度 ▶twice

名 **首都**
形 **大文字の，おもな**
▶capital letter（大文字）

文法ガイド

〈be動詞の過去形〉

be動詞は主語に応じて，次のように使い分けます。

主語	原形	現在形	過去形
I	be	am	was
he, she, it		is	
we, you, they		are	were

52

I **was born** in Saitama.　I **lived there until** the **age** of **nine**, and **then moved** to Chiba.

私は埼玉で生まれました。9歳までそこに住み，それから千葉に引っ越しました。

Level 2

be born

熟 **生まれる**
単語 born[bɔːrn] ▶bear（生む）の過去分詞

live
[liv]

動 **住む，暮らす**

there
[ðeər]

副 **そこに〔で〕**
◆their（彼らの，彼女らの）と発音が同じ。
関連 ここに〔で〕 ▶here

until ❶つづり
[əntíl]

前接 **～まで（ずっと）**
◆untilは「～までずっと」の意味で，その時まで
その動作・状態が続いていることを表す。
　▶I was there until five.
　（私は5時までずっとそこにいました。）
◆「～時までに」のように期限を表すときには
untilではなくbyを使う。（→p.81）

age
[eidʒ]

名 **年齢**
▶at the age of ～ （～歳のときに）

nine
[nain]

名形 **9（の）** ☞ p.15 基数・序数
関連 9番目（の） ▶ninth ❶つづり

then 復習
[ðen]

副 **それから，そのとき**

move
[muːv]

動 **引っ越す，～を動かす，～を感動させる**
関連 名 動き ▶movement

How was your **trip** to **Canada**? ― It was great.　Canada has **a lot of nature** and **wild animals**.

カナダへの旅行はどうでしたか。―最高でした。カナダにはたくさんの自然があり，野生の動物がいま

⭐□**trip** [trip]	名 旅行 ▶ go on a trip（**旅行に行く**）
⭐□**Canada** [kǽnədə]	名 **カナダ** ☞ p.77 国 (関連) カナダ人，カナダ(人)の ▶ Canadian
⭐□**a lot of ～**	熟 **たくさんの～** ◆数えられる名詞にも，数えられない名詞にも う。数えられる名詞は複数形にする。 (関連) 多数の ▶ many（数えられる名詞に使う） 　　　多量の ▶ much（数えられない名詞に使う
⭐□**nature** [néitʃər] ❶発音	名 **自然** (関連) 形 自然な ▶ natural
⭐□**wild** [waild]	形 **野生の**
⭐□**animal** [ǽnəməl]	名 **動物** (関連) 植物 ▶ plant

What's wrong, Mary?　You're **quiet** today.
― I'm just **a little tired**.　I went to bed **late last night**.

どうしたの，メアリー。今日は静かだね。―ただちょっと疲れているだけ。昨夜遅く寝た

⭐□**What's wrong?**	熟 **どうしたのですか。** ◆What's the matter?と同じように，「何かあっ の？」とたずねるときに使う。 (単語) wrong [rɔ(:)ŋ] ▶ 形 間違った
⭐□**quiet** [kwáiət] ❶発音	形 **静かな**

☐ **a little**

　熟 **少しの，少し**
　◆aがつかない little は「ほとんどない」の意味。
　　▶I have a little time.（私は時間が少しある。）
　　▶I have little time.（私は時間がほとんどない。）

☐ **tired**
　[táiərd]

　形 **疲れた**

☐ **go to bed**

　熟 **寝る，ベッドに入る**

☐ **late**
　[leit]

　副 **遅く，遅れて**　形 **遅い，遅れた**
　　▶be late for ～（～に遅れる）

☐ **night**
　[nait]

　名 **夜**
　　▶at night（**夜に**）　▶last night（**昨夜**）

🎧 **053**　家庭生活

Did you see my key anywhere?
— Yes.　It was in the bedroom.　It was under the chair.

ぼくのかぎどこかで見た？－うん。寝室にあったよ。いすの下にあった。

☐ **did**
　[did]

　助動 **do, does の過去形**
　◆一般動詞の過去の疑問文・否定文をつくるのに
　　使う。「～した」という意味の動詞としても使う。

☐ **key**
　[kiː]

　名 **かぎ，（キーボードの）キー**
　関連 錠，かぎをかける ▶lock

☐ **anywhere**
　[énihweər]

　副 **（疑問文で）どこかに，（肯定文で）どこでも**
　　（否定文で）どこにも（～ない）
　関連 （肯定文で）どこかに ▶somewhere

☐ **bedroom**
　[bédru(ː)m]

　名 **寝室**
　◆bed（ベッド）＋room（部屋）。

☐ **under**
　[ʌ́ndər]

　前 **～の下に**

☐ **chair** ❶つづり
　[tʃeər]

　名 **いす**

Level 2

How far is it from here to the station?
— It's about one kilometer.　It takes ten minutes.

ここから駅まで距離はどれくらいですか。－1キロくらいです。10分かかりま

□ **How far ～?**
熟 （距離が）どれくらい遠くに～
単語 far[fɑːr] ▶副 遠くに
関連 どれくらい長く～▶How long ～?

☆□ **from A to B**
熟 **A から B まで**
◆ 場所にも時間にも使う。
▶ from 8:30 to 12:00 （8時30分から12時まで）

☆□ **station**
[stéiʃən]
名 駅，（官庁などの）署，局
▶ police station （警察署）

☆□ **about** 復習
[əbáut]
副 およそ，約

*□ **kilometer**
[kilámətər] ❶発音
名 キロメートル
関連 メートル▶meter

☆□ **take**
[teik]
動 （時間などが）かかる，（乗り物）に乗る，
～を（手に）取る，～を持っていく
◆ It takes ～. で「（時間が）～かかる」の意味。
過去 took　過分 taken

ま
と
め
て
チ
ェ
ッ
ク
〈Howのいろいろな疑問文〉

How many ～?	▶いくつ？〈数〉
How much ～?	▶いくら？〈量，値段〉
How old ～?	▶何歳？〈年齢，古さ〉
How long ～?	▶どれくらい長い？〈物や時間の長さ〉
How far ～?	▶どれくらい遠い？〈距離〉
How tall ～?	▶どれくらい高い？〈身長，細長い物の高さ〉
How high ～?	▶どれくらい高い？〈高さ〉
How often ～?	▶何回？〈頻度〉
How many times ～?	▶何回？〈回数〉

> The **rainy season begins** in **June**. We **get** a lot of **rain**
> **during** this **period**.

梅雨の季節は6月に始まります。この期間の間，たくさんの雨が降ります。

rainy
[réini]

形 **雨の**
▶ a rainy day（雨の日）
(関連) 雪の降る ▶ snowy

season
[síːzn]

名 **季節** ☞ p.12 季節
▶ the rainy season（梅雨，雨期）

begin
[bigín]

動 **〜を始める，始まる**
過去 began　過分 begun　-ing形 beginning
(関連) 終わる ▶ end
　　　始まり ▶ beginning

June
[dʒuːn]

名 **6月** ☞ p.12 月

get (復習)
[get]

動 **〜を手に入れる，得る，受け取る**
過去 got　過分 got / gotten

rain
[rein]

名 **雨** 動 **雨が降る**
▶ It rained a lot.（たくさん雨が降りました。）
(関連) 雪，雪が降る ▶ snow

during
[djú(ə)riŋ]

前 **〜の間（に）**
◆ あとに特定の期間を表す語がくる。
▶ during summer vacation（夏休みの間）

period
[pí(ə)riəd]

名 **期間，時代**
▶ the Edo Period（江戸時代）

I **need** a new **pair of socks**. **These socks** have **holes** in **them**.

新しいくつ下が必要です。このくつ下は穴があいていま

‡□**need** [niːd]	動 ～を必要とする 名 必要 ◆進行形にしない。
□**a pair of ～**	熟 1組の～ ▶a pair of glasses（めがね1つ） ▶two pairs of shoes（2足のくつ） (単語) pair[peər] ▶名 1組 ◆2つの部分から るものに使う。
□**sock** [sɑk]	名 （複数形で）くつ下
‡□**these** [ðiːz]	代 これら 形 これらの ◆thisの複数形。 (関連) あれら（の）▶those
□**hole** [houl]	名 穴 ◆whole（全体の）と発音が同じ。
‡□**them** [ðem]	代 彼らを〔に〕，彼女らを〔に〕，それらを〔に ◆theyの目的格。☞ p.19 代名詞

In **Hawaii**, we **stayed** at a **hotel near** the **beach**. The **view** from our **room** was **amazing**.

ハワイでは，私たちは砂浜のそばのホテルに泊まりました。部屋からの景色は見事でし

*□**Hawaii** [həwάːi(ː)]	名 ハワイ ◆太平洋の島々からなるアメリカ合衆国の州の1つ
‡□**stay** [stei]	動 滞在する，とどまる 名 滞在

hotel
[houtél] 🔴 発音

名 ホテル

near
[níər]

前 〜の近くの〔に〕　形 近い
関連 遠い ▶ far

beach
[bi:tʃ]

名 浜辺, ビーチ

view
[vju:]

名 ながめ

room
[ru(:)m]

名 部屋, 空間, 余地

amazing
[əméiziŋ]

形 驚くべき, 見事な
▶ an amazing story（驚くような話）

🎧 058　説明・描写

The dog looked around the room, sat down, and went to sleep.

その犬は部屋を見渡し, すわり, そして眠りました。

dog
[dɔ(:)g]

名 犬

look around

熟 (〜の)まわりを見まわす
単語 around[əráund] ▶前 〜のまわりの〔に〕

sit down

熟 すわる, 着席する
関連 立ち上がる, 起立する ▶ stand up
単語 sit[sit] ▶動 すわる
過去 sat　過分 sat

go to sleep

熟 眠る
単語 sleep[sli:p] ▶名 眠り, 動 眠る
関連 寝る, ベッドに入る ▶ go to bed

Can I have **another pair** of **chopsticks**?　I **dropped** mine
on the **floor**. — **Certainly**.　Just a **moment**.

おはしをもう一膳いただけますか。床に落としてしまいました。ーかしこまりました。少々お待ちくださ

‡□**another** [ənʌ́ðər] ❶発音	形 **もう1つの，別の** 代 **別のもの〔人〕**
□**pair** ❶つづり [peər]	名 **1組** ▶ a pair of shoes（1足のくつ）
*□**chopsticks** [tʃʌ́pstiks]	名 **はし**
□**drop** [drɑp]	動 **〜を落とす，落ちる** 過去 dropped　過分 dropped　-ing形 droppi
*□**floor** [flɔːr]	名 **床，階** ▶ the first floor（1階） （関連）屋根，屋上 ▶ roof
□**certainly** ❶つづり [sə́ːrtnli]	副 **確かに** ▶ Certainly.（**かしこまりました。**）◆承諾の返事 （関連）形 確かな，確信して ▶ certain
*□**moment** [móumənt]	名 **瞬間** ▶ Just a moment.（**ちょっと待って。**）

Your **eyes** are **red**, James.
— I'm **sleepy**.　I **slept** for **only** two **hours** last **night**.

目が赤いよ，ジェームズ。ー眠いんだ。昨夜，2時間しか寝ていないん

‡□**eye** ❶つづり [ai]	名 **目** ☞ p.24 顔
‡□**red** [red]	形 **赤い** 名 **赤** ☞ p.62 色

sleepy
[slí:pi]

形 眠い

sleep
[slí:p]

動 眠る 名 眠り
過去 slept 過分 slept

for (復習)
[fɔːr]

前 ～の間，～のための〔に〕

only
[óunli] ❶発音

副 ただ～だけ 形 ただ1つの

hour ❶つづり
[áuər]

名 1時間 ▶ an hour（1時間）
(関連) 分 ▶ minute

last (復習)
[lǽst]

形 最後の，この前の

🎧 **061** 説明・描写

> The **internet** is **convenient**. We can **look up information**
> **quickly** and **easily**.

インターネットは便利です。私たちは情報をすばやく簡単に調べることができます。

internet
[íntərnet] ❶発音

名 インターネット ◆ the をつけて使う。
(関連) 電子メール ▶ e-mail

convenient
[kənvíːnjənt]

形 便利な
(関連) コンビニエンスストア ▶ convenience store

look up

熟 （辞書などで）～を調べる，見上げる
▶ look up at the sky（空を見上げる）

information
[ìnfərméiʃən]

名 情報

quickly
[kwíkli]

副 すばやく
比較 more ～ ー most ～
(関連) 形 すばやい ▶ quick

easily
[íːzəli]

副 簡単に
比較 more ～ ー most ～
(関連) 形 簡単な ▶ easy

The **photographer** **took a picture** of the **white flowers** in the **garden**.

その写真家は，庭の白い花の写真をとりまし

□ **photographer**
[fətágrəfər] ❶発音

图 写真家

（関連）写真 ▶ photo, photograph

□ **take a picture**

熟 写真をとる

□ **white**
[hwait]

形 白い　图 白

□ **flower** ❶つづり
[fláuər]

图 花

□ **garden**
[gá:rdn]

图 （花や樹木が植えられた）庭園

（関連）（家のまわりの）庭 ▶ yard

まとめてチェック

〈色 colors〉

black ▶ 黒	blue ▶ 青	brown ▶ 茶	gold ▶ 金
gray ▶ 灰色	green ▶ 緑	orange ▶ オレンジ	pink ▶ ピンク
purple ▶ 紫	red ▶ 赤	silver ▶ 銀	white ▶ 白
yellow ▶ 黄色			

〈家族 family〉

parent ▶ 親

father, dad ▶ 父 　　　　　　mother, mom ▶ 母

grandchild ▶ 孫

grandparents ▶ 祖父母

grandfather, grandpa ▶ 祖父 　grandmother, grandma ▶ 祖母

brother ▶ 兄，弟 　　　　　　sister ▶ 姉，妹

husband ▶ 夫 　　　　　　　wife ▶ 妻

uncle ▶ おじ 　　　　　　　aunt ▶ おば 　　cousin ▶ いとこ

Japan is an **island country**. But a lot of **different countries** had a great **influence** on Japan.

日本は島国です。しかし，多くのいろいろな国が日本に大きく影響をおよぼしました。

island
[áiland] ❶発音

图 島
◆sは発音しない。

country ❶つづり
[kántri]

图 国，いなか
複数形 countries　❶つづり

different ❶つづり
[dífərənt]

形 違った，異なった
比較 more 〜 ー most 〜
（関連）〜と異なる ▶ be different from 〜

influence
[ínflu(ː)əns]

图 影響
▶ have an influence on 〜（〜に影響をおよぼす）

Level 2

Mom, this **apple** is **delicious**. It's really **sweet**.
ー Oh, is it? I got it at a new **fruit** store.

お母さん，このりんごとてもおいしい。すごく甘いよ。ーあら，そう？　新しい果物店で買ったの。

apple
[ǽpl]

图 りんご

delicious ❶つづり
[dilíʃəs]

形 とてもおいしい

sweet
[swiːt]

形 甘い

fruit ❶つづり
[fruːt]

图 果物

I **worked as** a **volunteer during** spring vacation. We **cleaned** the **park** in our **town**.

私は春休みの間，ボランティアとして働きました。私たちは町の公園をきれいにしまし

✻□work
[wəːrk] ●発音
動 働く，（機械などが）動く
名 仕事

✻□as
[æz]
前 ～として
接 ～のように，～なので

✻□volunteer
[vɑləntíər] ●発音
名 ボランティア
◆volunteer は，何かを自分からすすんで行
「人」をさす語。「ボランティア活動」はvolunte
activities や volunteer work などと言う。

✻□during (復習)
[djú(ə)riŋ]
前 ～の間(に)

✻□spring
[spriŋ]
名 春 ☞ p.12 季節

✻□vacation
[veikéiʃən]
名 休暇，休み

✻□clean
[kliːn]
動 ～をそうじする
形 きれいな

✻□park
[pɑːrk]
名 公園 動 ～を駐車する
(関連) 駐車 ▶ parking

✻□town
[taun]
名 町
(関連) 市，都市 ▶ city
　　　村 ▶ village

The TV **broke again**.

— **Are you kidding ?**　This is the **third time**.

テレビがまたこわれたよ。―うそでしょ？　これで3回目だよ。

break ❶つづり
[breik]

動 ～をこわす，こわれる
過去 broke　過分 broken

again
[əgén]

副 再び，また

Are you kidding ?

熟 冗談でしょう。◆No kidding!とも言う。
単語 kid[kid]　▶動 からかう

third ❶つづり
[θəːrd]

名形 3番目（の）　☞ p.15　基数・序数

time
[taim]

名 時，～度，～回，～倍
▶three times （3回）

The **plane flew up** and **disappeared into** the **clouds**.

飛行機は上に飛んでいき，雲の中に消えていった。

plane
[plein]

名 飛行機
◆airplane が省略された形。

fly 復習
[flai]

動 飛ぶ，～を飛ばす
過去 flew　過分 flown

up
[ʌp]

副 上へ
関連 下へ ▶down

disappear ❶つづり
[disəpíər]

動 見えなくなる
関連 現れる ▶appear

into
[intuː]

前 ～の中へ
関連 ～から外へ ▶out of ～

cloud
[klaud]

名 雲
関連 形 くもりの ▶cloudy

I went to the post office and sent a package by air mail.

私は郵便局に行って，小包を航空便で送りまし

*ː□ **post office** [póust ɔ(ː)fis]	名 郵便局
*ː□ **send** [send]	動 ～を送る 過去 sent　過分 sent
*□ **package** [pǽkidʒ]	名 小包，包み
*ː□ **by** [bai]	前 ～によって，～のそばに，～までに ▶ by bicycle（自転車で）
*□ **air** [eər]	名 空気　形 航空の
*ː□ **mail** ❶つづり [meil]	名 郵便 関連 電子メール ▶ e-mail

What happened?　Why are your pants so dirty?
— I fell from my bike on my way to school.

どうしたの？　なんでズボンがそんなに汚れているの？ー学校へ行く途中，自転車から落ちちゃったん

*ː□ **happen** [hǽpən]	動 起こる ▶ What happened?（何があったの？）
□ **pants** [pænts]	名 ズボン ◆複数として扱う。
*□ **dirty** ❶つづり [dɔ́ːrti]	形 汚い 比較 dirtier － dirtiest ❶つづり 関連 きれいな ▶ clean
*ː□ **fall** [fɔːl]	動 落ちる　名 秋 過去 fell　過分 fallen

bike
[baik]

名 **自転車**

◆bicycle（自転車）を縮めた言い方。

on my way (to ～)

熟 **(私が～へ行く) 途中で**

◆myの部分は主語に応じた代名詞の所有格が入る。また，on the way to ～ と言うこともある。

▶He met Lisa on his〔the〕way to school.

（彼は学校へ行く途中でリサに会いました。）

単語 way[wei] ▶名 道，道順

Level 2

🎧 **070** 物語・歴史

Mr. Green laid his hand on his son's shoulder and said, "Be honest."

グリーンさんは息子の肩に手をのせて，「正直になれ」と言った。

lay
[lei]

動 **～を置く，横たえる**

過去 laid 過分 laid

hand
[hænd]

名 **手** ☞ p.24 体

shoulder
[ʃóuldər]

名 **肩** ☞ p.24 体

say
[sei]

動 **～と言う，～と書いてある**

過去 said[sed] 過分 said[sed] ❶発音

honest
[ánist] ❶発音

形 **正直な**

◆hは発音しない。

比較 more ～ － most ～

67

My father and I went **fishing yesterday**.　We **caught** a lot of fish and **ate** them.　They **tasted** great.

昨日，お父さんとぼくは釣りに行きました。たくさん魚をつかまえて食べました。すごくおいしかっ

*□**fishing**
[fíʃiŋ]

名 **魚釣り**
▶ go fishing（**魚釣りに行く**）
（関連）魚 ▶ fish

*□**yesterday**
[jéstərdei]

副 **昨日（は）** 名 **昨日**
（関連）今日（は）▶ today

*□**catch** ❶つづり
[kætʃ]

動 **〜をつかまえる，〜に間に合う**
過去 caught 過分 caught ❶つづり
▶ catch a cold（**かぜをひく**）

*□**eat**
[iːt]

動 **〜を食べる**
過去 ate 過分 eaten

*□**taste**
[teist]

動 **味がする** 名 **味**
◆〈taste＋形容詞〉で「〜の味がする」。
▶ taste good（おいしい〈味がする〉）

文法ガイド

〈SVC の文型〉

　taste などの動詞は，〈主語(S)＋動詞(V)＋補語(C)〉の文型をつくる。It tastes good.（それはおいしい味がする。）のように，〈主語(it)＝補語(good)〉の関係になる。

　〜になる　　　　▶〈become＋名詞・形容詞〉
　〜に見える　　　▶〈look＋形容詞〉
　〜に聞こえる　　▶〈sound＋形容詞〉
　〜に感じる　　　▶〈feel＋形容詞〉
　〜のにおいがする▶〈smell＋形容詞〉

There is a door at the front side and the back side of the house.

家の前側と後ろ側にドアがあります。

There is〔are〕～. | 熟 ～があります／～がいます。

door | 名 ドア，戸
[dɔːr]

front | 名 前部，正面
[frʌnt] ❶発音 | 関連 ～の前に ▶in front of ～

side | 名 面，側
[said] | ▶on the right side（**右側に**）

back | 名形 後ろ（の） 副 後ろへ
[bæk]

house | 名 家
[haus] | 複数形 houses [háuziz] ❶発音

〈There is〔are〕～.の文〉

　〈There is〔are〕＋主語＋場所を表す語句.〉で「…に～があります。」の意味を表します。主語が単数なら，There is ～.を，主語が複数ならThere are ～.を使います。

　過去の文では，is，areそれぞれの過去形was，wereを使います。疑問文はbe動詞をthereの前に出します。

▶There is a dog in the room.　（その部屋に犬がいます。）
▶Is there a dog in the room ?　（その部屋に犬がいますか。）

In **volleyball**, there are six **players** on **each** team.　You can **change players** during the **game**.

バレーボールでは，それぞれのチームに6人の選手がいます。試合中に選手を替えることができま

‡□ **volleyball**
[válibɔːl] ❶発音

名 バレーボール　☞ *p.43*　スポーツ

‡□ **player**
[pléijər]

名 選手，プレーヤー
▶ a good tennis player（テニスがじょうずな人）
(関連) 動 （スポーツ）をする ▶ play

‡□ **each**
[iːtʃ]

形 それぞれの　代 それぞれ
◆ eachに続く名詞は単数形にする。
▶ each other（お互いに）

‡□ **change**
[tʃeindʒ]

動 ～を変える，～を乗りかえる　名 変化

‡□ **game**
[geim]

名 試合，ゲーム

Your **homework** is **perfect**.　There are **no mistakes**.

あなたの宿題は完ぺきです。1つもミスがありませ

‡□ **homework**
[hóumwɔːrk]

名 宿題
◆ 数えられない名詞なので，aをつけず，複数形
　しない。
▶ do my homework（宿題をする）

□ **perfect**
[pɔ́ːrfikt]

形 完ぺきな，完全な

‡□ **no** (復習)
[nou]

形 1つも〔1人も〕～ない
副 いいえ

*□ **mistake**
[mistéik]

名 誤り

I'll write to you again soon.　Take care.

　　　　　　　　　　　　　　　　　Sincerely, Pam

Level 2

またすぐにあなたに手紙を書きます。気をつけてね。敬具，パム。

will [wil]	助 ～するだろう，～します　◆未来を表す。 過去 would　否定 will not = won't［wount］ ◆I'llはI willの短縮形。
write to ～	熟 ～に手紙を書く
Take care.	熟 気をつけてね。 単語 care［keər］▶名 注意，世話 関連 ～の世話をする▶take care of ～
sincerely [sinsíərli]	副 心から ▶Sincerely（yours），〈手紙の最後で〉**敬具**

文法ガイド

〈willの文〉

　〈will＋動詞の原形〉で未来のことを表します。「～するだろう」という未来の予想や，「～します」のように今その場で決めたことを表すときに使われます。

　疑問文はwillを主語の前に出し，否定文はwillのあとにnotをおきます。

▶He will come soon.　　（彼はすぐに来るだろう。）
▶Will he come soon ?　（彼はすぐに来るだろうか。）
▶He will not come soon.（彼はすぐには来ないだろう。）

まとめて

〈代名詞＋will〉の短縮形

I will → I'll	you will → you'll	
he will → he'll	she will → she'll	it will → it'll
we will → we'll	they → they'll	

∩076 友人

Don't **worry**, Ann.　**Everything** will be **fine**.　**Trust** me.

心配しないで，アン。すべてうまくいくから。ぼくを信じ

‡□ **worry** [wɔ́ːri] ❶発音	動 ～を心配させる，心配する 関連 ～について心配する ▶ worry about ～
‡□ **everything** [évriθiŋ]	代 あらゆること〔もの〕 ◆文の主語になるときは単数として扱う。 　▶ Everything is OK.（すべて順調です。）
‡□ **fine** [fain]	形 すばらしい，元気な 　▶ I'm fine, thank you.（元気です，ありがとう。
□ **trust** [trʌst]	動 ～を信頼する

∩077 ニュース

The **weather** will be **cloudy** in the morning.　But in the
afternoon, it will be **sunny** with no **wind**.

天気は，午前中はくもりでしょう。しかし午後は，晴れて風もないでしょ

‡□ **weather** ❶つづり [wéðər]	名 天気
‡□ **cloudy** [kláudi]	形 くもった 関連 名 雲 ▶ cloud
‡□ **afternoon** [æftərnúːn]	名 午後 　▶ in the afternoon（午後に） 関連 午前 ▶ morning
‡□ **sunny** [sʌ́ni]	形 明るく日のさす 関連 名 太陽 ▶ sun
‡□ **wind** [wind]	名 風 関連 形 風の強い ▶ windy

72

Mr. Sanders will go to Asia on business next week. He will visit several countries.

サンダーズさんは来週仕事でアジアに行きます。彼はいくつかの国々を訪問する予定です。

Level 2

⌐ **Asia**
[éiʒə]

名 **アジア** ☞ *p.77* 地域
（関連）形 アジアの ▶ Asian

⌐ **business** ❶つづり
[bíznis]

名 **仕事**
▶ on business（**仕事で**）

⌐ **visit**
[vízit]

動 **〜を訪問する** 名 **訪問**

⌐ **several**
[sév(ə)rəl]

形 **いくつかの**

Is ABC University near here? — Yes. Go straight for two blocks and you'll see it on your right.

ABC大学はこの近くですか。－はい。2ブロックまっすぐ行くと，右手に見えます。

⌐ **university**
[ju:nəvə́:rsəti]

名 **（総合）大学**
複数形 universities
（関連）（単科）大学 ▶ college

⌐ **straight** ❶つづり
[streit]

副 **まっすぐに**

⌐ **block**
[blɑk]

名 **ブロック，区画**

⌐ **on your right**

熟 **あなたの右側に**
（単語）right [rait] ▶名 右
（関連）左側に ▶ on your left

"We will **arrive** in **Seoul** at five. Please **enjoy** the **flight**," the **pilot** said to the **passengers**.

「5時にソウルに到着します。どうぞ空の旅をお楽しみください」とパイロットは乗客に言っ†

‡□**arrive**
[əráiv]

動 着く
◆ arrive in 〜は「(国や都市などの広がりのある空間)に着く」と言うときに使う。「(建物などの地点)に着く」は arrive at 〜と言う。
(関連) 〜に着く ▶ get to 〜

□**Seoul**
[soul]

名 ソウル(韓国の首都)

‡□**enjoy**
[indʒɔ́i] ❶発音

動 〜を楽しむ

·□**flight**
[flait]

名 飛行,空の旅
(関連) 動 飛ぶ,飛行機で行く ▶ fly

□**pilot**
[páilət]

名 パイロット

‡□**say** (復習)
[sei]

動 〜と言う
過去 said[sed] 過分 said[sed] ❶発音

□**passenger**
[pǽs(ə)ndʒər]

名 乗客

Are you **free tonight**? ― Sorry, I'm **going to** have dinner with my **aunt** and **uncle**.

今夜はひま？－ごめん，おばとおじと夕食を食べる予定なんだ。

free [fríː]	形 **自由な，ひまな，無料の** （関連）名 **自由** ▶ freedom 　　　　副 **自由に** ▶ freely
tonight ❶つづり [tənáit]	名副 **今夜（は）** （関連）**今日（は）** ▶ today
sorry ❶つづり [sɔ́ri]	形 **すまなく思って，気の毒で** ▶ I'm sorry.（すみません。／ごめんなさい。）
be going to ～	熟 **～するつもりだ** ◆ to のあとには動詞の原形がくる。
aunt ❶つづり [ænt]	名 **おば** ☞ p.62　家族
uncle [ʌ́ŋkl]	名 **おじ** ☞ p.62　家族

〈be going to ～の文〉

文法ガイド

　〈be going to ＋動詞の原形〉は未来を表す言い方です。「～するつもりです」のように，すでに心に決めている予定や計画について言うときは，ふつう will ではなく be going to ～ を使います。

　be は主語と時制によって，am, is, are, was, were を使い分けます。

　疑問文，否定文のつくり方は be 動詞の文と同じです。

▶ He <u>is going to</u> visit his uncle.（彼はおじを訪ねるつもりです。）

▶ <u>Is</u> he <u>going to</u> visit his uncle?（彼はおじを訪ねるつもりですか。）

▶ He <u>isn't going to</u> visit his uncle.（彼はおじを訪ねるつもりではありません。）

⌂082 日常会話

> Do you have any **plans** for vacation? ― Yes.　I'm going to
> a hot **spring** with my family.　I can't **wait**.

休暇の予定は何かあるの？ーはい，家族と温泉に行きます。待ちきれませ

[*]□ **plan** [plæn]	名 **計画** 動 **計画する** 過去 planned　過分 planned　-ing形 planning
[*]□ **spring** (復習) [spriŋ]	名 **泉，春** ☞ p.12 季節 ▶ hot spring（温泉）
[*]□ **wait** [weit]	動 **待つ** ▶ wait for 〜（〜を待つ）

 ⌂083 旅行

> I'm going to **Britain** as an **exchange student** next **fall**.
> I'm staying in **London** for **half** a year.

ぼくは次の秋に，交換留学生としてイギリスに行く予定です。半年の間，ロンドンに滞在しま

[*]□ **Britain** [brítn]	名 **イギリス** ☞ p.77 国 ◆ the U.K.（＝ the United Kingdom）とも言う。 (関連) 形 イギリス(人)の ▶ British
[*]□ **exchange** [ikstʃéindʒ]	名 **交換** 動 **〜を交換する** ▶ exchange e-mails（メールをやり取りする）
[*]□ **student** [st(j)úːdənt]	名 **生徒，学生** ▶ a new student（新入生） (関連) 教師 ▶ teacher
[*]□ **fall** (復習) [fɔːl]	名 **秋** 動 **落ちる**
[*]□ **London** [lʌ́ndən]	名 **ロンドン**（イギリスの首都）
[*]□ **half** ❶つづり [hæf]	名 **半分** 形 **半分の** 複数形 halves ❶つづり ▶ half an hour（30分）

〈地域　regions〉

Asia ▶ アジア	Asian ▶ アジアの
Europe ▶ ヨーロッパ	European ▶ ヨーロッパの
Africa ▶ アフリカ	African ▶ アフリカの
North America ▶ 北アメリカ	North American ▶ 北アメリカの
South America ▶ 南アメリカ	South American ▶ 南アメリカの

〈国　countries〉

America ▶ アメリカ　　　American　▶ アメリカの〔人〕
〔アメリカは the U.S. / the United States (of America) と表すこともある〕
Australia ▶ オーストラリア　Australian ▶ オーストラリアの〔人〕
Britain　▶ イギリス　　　British　　▶ イギリスの〔人〕
〔イギリスは the U.K. / the United Kingdom と表すこともある〕
Canada　▶ カナダ　　　Canadian　▶ カナダの〔人〕
China　　▶ 中国　　　　Chinese　▶ 中国の〔人〕，中国語
France　▶ フランス　　French　　▶ フランスの〔人〕，フランス語
Germany ▶ ドイツ　　　German　▶ ドイツの〔人〕，ドイツ語
India　　▶ インド　　　Indian　　▶ インドの〔人〕
Italy　　▶ イタリア　　Italian　　▶ イタリアの〔人〕，イタリア語
Japan　　▶ 日本　　　　Japanese ▶ 日本の〔人〕，日本語
Mexico　▶ メキシコ　　Mexican　▶ メキシコの〔人〕
Korea　　▶ 韓国・朝鮮　Korean　　▶ 韓国・朝鮮の〔人〕，韓国・朝鮮語
Portugal ▶ ポルトガル　Portuguese ▶ ポルトガルの〔人〕，ポルトガル語
Russia　▶ ロシア　　　Russian　▶ ロシアの〔人〕，ロシア語
Spain　　▶ スペイン　　Spanish　▶ スペインの〔人〕，スペイン語
Thailand ▶ タイ　　　　Thai　　　▶ タイの〔人〕，タイ語
Turkey　▶ トルコ　　　Turkish　▶ トルコの，トルコ語
Vietnam ▶ ベトナム　　Vietnamese ▶ ベトナムの〔人〕，ベトナム語

Tom's **studying** in his room.　He has an **important exam** **tomorrow**.

トムは自分の部屋で勉強しているよ。明日大事な試験があるんだ

‡□ **study**
[stʌ́di]

動 （〜を）勉強する
[3単現] studies　[過去] studied　[過分] studied ❶つづ

‡□ **important**
[impɔ́ːrtənt]

形 重要な，大切な
[比較] more 〜 — most 〜
▶ a very important person（要人，VIP）

*□ **exam**
[igzǽm]

名 試験　◆ examination を短縮した語。
（関連）試験 ▶ test

‡□ **tomorrow** ❶つづり
[təmɔ́ːrou]

副 明日（は）　名 明日
（関連）昨日（は）▶ yesterday
　　　　今日（は）▶ today

I'm sorry, but **will you** start the **meeting without** me?
I **missed** the bus and will be late.

悪いんだけど，私ぬきで打ち合わせを始めてもらえる？　バスに乗り遅れて，遅れるか

‡□ **Will you 〜?**

熟 〜してもらえますか。
◆ 依頼するときの言い方。
（関連）〜してくださいますか。（ていねいな言い方
　　　　▶ Would you 〜?／Could you 〜?

‡□ **meeting**
[míːtiŋ]

名 会，会合
（関連）動 〜に会う ▶ meet

‡□ **without**
[wiðáut] ❶発音

前 〜なしで〔に〕
（関連）〜と（ともに）▶ with

*□ **miss**
[mis]

動 〜をのがす，〜がいなくてさびしく思う
▶ miss the train（電車に乗り遅れる）
▶ I miss you.　（あなたがいなくてさびしいです。

Hello.　This is Ann.　May I speak to Bill, please?
― Oh, hi, Ann.　This is Bill.

もしもし，アンと申しますが，ビル君はいますか。―あ，やあ，アン。ビルだよ。

hello 復習
[həlóu]
間（電話で）**もしもし**

This is 〜. 復習
熟 **こちらは〜です。**
◆電話で「こちらは〜です」と自分の名前を言うときには，ふつうI am 〜.ではなくThis is 〜.を使う。

May I 〜?
熟 **〜してもよろしいですか。**
◆ていねいに相手に許可を求める表現。
▶May I open the window?
（窓を開けてもよろしいですか。）
単語 may [mei] ▶助 〜してもよい

speak ❶つづり
[spiːk]
動 **話す**
過去 spoke　過分 spoken
▶speak to 〜（〜に話しかける）
関連 名 演説，スピーチ ▶speech

Level 2

〈いろいろな助動詞の文〉
May I 〜?　　（〜してもよろしいですか。〈許可を求める〉）
Shall I 〜?　　（〜しましょうか。〈申し出〉）
Will you 〜?　（〜してもらえますか。〈依頼〉）
Could you 〜?　（〜してくださいますか。〈ていねいな依頼〉）
Would you 〜?　（〜してくださいますか。〈ていねいな依頼〉）

🎧 087 電話

> I'm afraid he is not in his office right now.　May I take a
> message? — That's OK.　I'll call back later.

彼は今オフィスにいません。ご伝言をうかがいましょうか。―いえ，結構です。あとでかけなおしま

☐ **I'm afraid 〜.**	熟 **残念ながら〜（ではないかと思う。）** ◆望ましくないことを伝えるときに使う。 (単語) afraid[əfréid] ▶形 恐れて，こわがって
☐ **office** [ɔ́(ː)fis]	名 **事務所**
☐ **message** [mésidʒ] ❶発音	名 **伝言，メッセージ** ▶take a message（伝言を受ける，預かる）
☐ **call back**	熟 **電話をかけなおす** ▶call him back（彼に電話をかけなおす）
☐ **later** [léitər]	副 **あとで，もっと遅く**（lateの比較級）

🎧 088 窓口での会話

> How long can I borrow these books?
> — Two weeks.　You must return them by May 5.

これらの本はどのくらい長く借りられるのですか。―2週間です。5月5日までに返さなければいけませ

☐ **How long 〜?**	熟 **どのくらい（長く）〜か。** ◆時間や物の長さをたずねるときに使う。 ▶How long are you going to stay here? 　（どのくらい長くここに滞在する予定ですか。 ▶How long is this river? 　（この川はどのくらいの長さですか。）
☐ **borrow** つづり [bárou]	動 **〜を借りる**
☐ **must** [mʌst]	助 **〜しなければならない，〜にちがいない** ◆あとには動詞の原形がくる。

return
[ritə́ːrn] ❶発音

動 ～を戻す，帰る

by (復習)
[bai]

前 ～までに
◆ 期限を表す。
▶ come back by five （5時までに戻ってくる）

May
[mei]

名 **5月** ☞ *p.12* 月

fifth ❶つづり
[fifθ]

名形 **5番目（の）** ☞ *p.15* 基数・序数

🎧**089** 日記・記録

I fell down the stairs and broke my leg.　Now, I have to use a wheelchair for a while.

私は階段から落ちて足を骨折しました。今は，しばらくの間，車いすを使わなくてはいけません。

fall down

熟 **落ちる，倒れる**
(単語) fall [fɔːl] ▶動 落ちる，倒れる

stair ❶つづり
[steər]

名 （複数形で）**階段**
▶ go up the stairs （階段を上がる）

break (復習)
[breik]

動 ～を骨折する，～をこわす
過去 broke 過分 broken

leg
[leg]

名 **脚**（足首から上の部分） ☞ *p.24* 体
(関連) 足（足首から下の部分）▶ foot

now
[nau]

副 **今，**（文頭にきて）**さあ**
(関連) そのとき▶ then, at that time

have to ～
[hǽftə]

熟 **～しなければならない**
◆ 主語が3人称単数・現在のときはhas to, 過去形
はhad toになる。否定形のdon't〔doesn't〕have
to ～は「～する必要はない」という意味。

wheelchair
[hwíːltʃeər]

名 **車いす**

for a while

熟 **しばらくの間**

81

090 説明・描写

You don't have to be afraid.　This snake doesn't bite.

こわがらなくていいよ。このヘビはかまない

☆☐ **don't have to ～**	熟 **～する必要はない**
	関連 ～する必要はない ▶ don't need to ～
	～しなければならない ▶ must ～, have to
	～してはならない ▶ must not ～
☆☐ **afraid** ❶つづり [əfréid]	形 **恐れて，こわがって** ▶ be afraid of ～（～をこわがる） ▶ I'm afraid ～. （残念ながら～〈ではないかと思う〉。）
☐ **snake** [sneik]	名 **ヘビ**
☐ **bite** [bait]	動 **～をかむ** 名 **かむこと** 過去 bit 過分 bitten

 091 日常会話

I got up at four thirty this morning.
― Wow, that's early.　You must be sleepy then.

ぼくは今朝4時30分に起きました。―わぁ，それは早いね。そしたら，眠いにちがいないね

☆☐ **get up**	熟 **起きる** 関連 寝る ▶ go to bed 目を覚ます ▶ wake up
☆☐ **four** [fɔːr]	名形 **4（の）** ☞ p.15 基数・序数 関連 4番目（の）▶ fourth
☆☐ **early** [ə́ːrli] ❶発音	副 **早く** 形 **早い** 比較 earlier － earliest ❶つづり ▶ get up early（早く起きる） 関連 遅く，遅い ▶ late

]**must** 復習
[mʌst]

助 ～にちがいない
関連 ～かもしれない ▶ may

🎧092　日常会話

Could you turn off the air conditioner, please?　I feel a
little cold.

エアコンを消してくれますか？　少し寒く感じます。

]**Could you ～?**

熟 ～してくださいますか。
◆依頼するときのていねいな言い方。
単語 could［kud］▶ 助 canの過去形
関連 ～してくれませんか。▶ Can you ～?
　　　（Could you ～?よりも気軽な言い方。）

]**turn off ～**

熟 ～を消す
関連 ～をつける ▶ turn on ～

]**air conditioner**
［éər kəndíʃənər］

名 エアコン
単語 air［eər］▶ 名 空気

]**feel**
［fíːl］

動 感じる
過去 felt　過分 felt
◆〈feel＋形容詞〉で「～と感じる」。
▶ feel tired（疲れていると感じる）

]**a little** 復習

熟 少し

]**cold**
［kould］●発音

形 寒い，冷たい　名 かぜ
▶ have a cold（かぜをひいている）
関連 暑い，熱い ▶ hot

83

Pardon me?　I couldn't hear you because of the noise.

もう一度言ってくださいませんか？　雑音のせいで聞こえませんでし

*□**pardon** [pá:rdn]	動 〜を許す ▶ Pardon (me)?（もう一度言ってください。）
*□**could** [kud]	助 can（〜できる）の過去形 ◆ couldn'tは could not の短縮形。
*□**hear** [híər]	動 〜が聞こえる，〜を聞く 過去 heard[hə:rd]　過分 heard[hə:rd] ❶発音 ▶ I hear (that) 〜. （〜だそうだ。／〜と聞いている。） ◆ here（ここ〈に〉）と発音が同じ。
*□**because of 〜**	熟 〜のために ◆ 原因・理由を表す。
*□**noise** [nɔ́iz]	名 物音，騒音 （関連）形 騒がしい ▶ noisy

まとめてチェック

〈否定の短縮形〉(2)

was not	→ wasn't	were not	→ weren't
did not	→ didn't		
can not	→ can't, cannot	will not	→ won't ❶つづり
must not	→ mustn't [mʌ́snt] ❶発音		
could not	→ couldn't	would not	→ wouldn't
should not	→ shouldn't		

Excuse me, sir.　Could you take a photo of us?
— No problem.　Are you ready?　Say cheese!

すみません。私たちの写真をとっていただけますか。―もちろん。準備はいいかい？　はい，チーズ！

sir
[sər]

名 あなた，お客様
◆目上の男性，店の男性客，見知らぬ男性への呼びかけに使い，日本語に訳さないことが多い。
(関連)（女性に呼びかけて）あなた, お客様 ▶ma'am

photo
[fóutou] ❶発音

名 写真
◆photographを縮めた言い方。
▶take a photo （写真をとる）
(関連) 写真，絵 ▶picture
　　　写真家 ▶photographer

us
[ʌs]

代 私たちを，私たちに
◆weの目的格。

No problem.

熟 かまいませんよ。
◆何かを依頼されて「いいですよ。」と応じるときの言い方。
(単語) problem[prábləm] ▶名 問題

ready ❶つづり
[rédi]

形 用意ができた
◆〈be ready to ～〉で「～する準備ができている」，〈be ready for ～〉で「～の準備ができている」の意味を表す。
▶I'm ready to go.
（出かける準備ができています。）
▶Are you ready for the party?
（パーティーの準備はできていますか。）

cheese
[tʃiːz]

名 チーズ
◆Say cheese!(チーズと言って！)は,「はい, チーズ！」にあたる表現で,写真をとるときの決まり文句。

Excuse me. I'd like a ticket for the three o'clock
performance, please.

すみません,3時の公演のチケットを1枚くださ

*□**I'd like 〜.**	熟 **私は〜がほしいのですが。**
	◆I want 〜.のていねいな言い方。I'dはI would 短縮形。
*□**ticket** ❶つづり [tíkit]	名 **切符,チケット**
*□**for** (復習) [fɔːr]	前 **〜のための〔に〕,〜の間**
*□**three** [θriː]	名形 **3(の)** ☞ p.15 基数・序数 (関連) 3番目(の) ▶third
*□**o'clock** [əklάk]	副 **(ちょうど)〜時** ◆of the clockが語源。clockは「時計」の意味
*□**performance** [pərfɔ́ːrməns]	名 **公演,演技** (関連) 動 〜を演じる ▶perform

Dave, would you go and get some eggs at the
supermarket?

デイブ,スーパーに卵を買いに行ってくれない

*□**Would you 〜?**	熟 **〜してくださいますか。** ◆Will you 〜?のていねいな言い方。
*□**go and 〜**	熟 **〜しに行く** ◆〈go to＋動詞の原形〉と同じ意味。
*□**egg** [eg]	名 **卵**
*□**supermarket** [súːpərmɑːrkit]	名 **スーパーマーケット**

Shall I wash the dishes?
― No, it's OK.　I'll do it.

ぼくがお皿を洗いましょうか。―いいえ，大丈夫です。私がやります。

Shall I ～?	熟 **(私が)～しましょうか。** ▶ What shall I do? (私は何をしましょうか。) (関連) **(いっしょに)～しましょうか。** 　　　▶ Shall we ～?
wash [waʃ]	動 **～を洗う** ▶ wash my face (顔を洗う)

Shall we take a rest?
― Yes.　I'm thirsty.　Let's sit in the shade of that tree.

休憩しましょうか。―はい。のどがかわきました。あの木の陰にすわりましょう。

Shall we ～?	熟 **(いっしょに)～しましょうか。** ◆ 相手を誘う表現。Let's ～. とほぼ同じ意味。
rest [rest]	名 **休息**　動 **休息する** ▶ take〔have〕a rest (休息をとる)
thirsty [θə́ːrsti] ❶発音	形 **のどのかわいた** (関連) 空腹な ▶ hungry
sit [sit]	動 **すわる** 過去 sat　過分 sat　-ing形 sitting ❶つづり ▶ sit down (すわる) (関連) 立ち上がる ▶ stand up
shade [ʃeid]	名 **日陰** ◆ 日なたに対して暗い部分をさす。 (関連) 影 ▶ shadow
tree [triː]	名 **木** (関連) 木材 ▶ wood

New York is famous for its museums.　You should visit
some this summer.

ニューヨークは博物館で有名だよ。この夏にいくつか訪れてみるといい

New York [n(j)uː jɔ́ːrk]	名 ニューヨーク ◆アメリカ北東部の大都市。N.Y.と略すこともあ
be famous for ~	熟 ~で有名だ （単語）famous [féiməs] ▶形 有名な
its [its]	代 それの ◆itの所有格。
museum [mjuːzíː(ː)əm] ❶発音	名 博物館，美術館 ▶art museum（美術館）
should ❶つづり [ʃud]	助 ~したほうがよい，~すべきだ （関連）（警告的に）~すべきだ ▶had better ~
some （復習） [sʌm]	形 いくつかの　代 いくつか，いくらか ◆上の例文では「いくつか」の意味の代名詞と て使われている。
summer [sʌ́mər]	名 夏 ☞ p.12 季節

Ken should be the captain of the team.
　— Yeah.　I think so, too.

ケンがチームのキャプテンになるべきだわ。―うん，ぼくもそう思う

captain [kǽptin]	名 キャプテン
yeah [jeə]	副 yes（はい）のくだけた言い方
I think so (, too).	熟 （私も）そう思います。 （関連）そう思いません。 ▶I don't think so.

Walk along this street, turn right at the second traffic light, and you'll see the hospital on your left.

この通りに沿って歩いて，2つ目の信号を右に曲がってください。すると，左手にその病院が見えます。

Level 2

walk ❶つづり
[wɔːk]

動 **歩く** 名 **散歩**
▶ go for a walk（**散歩する**）
(関連) 走る ▶ run

along
[əlɔ́(ː)ŋ]

前 **〜に沿って**

street
[striːt]

名 **通り**

turn
[təːrn] ❶発音

動 **（〜を）曲がる，〜をまわす** 名 **順番**
▶ turn right（**右に曲がる**）

right ❶つづり
[rait]

副 **右に** 形 **右の，正しい** 名 **右，権利**
▶ That's right.（**その通りです。**）
▶ All right.（**よろしい。**）

second
[sékənd]

形 **2番目の** 名 **2番目，秒** ☞ p.15 基数・序数
▶ for a few seconds（**数秒間**）
(関連) 分 ▶ minute　　時間 ▶ hour

traffic
[trǽfik]

名 **交通**

light ❶つづり
[lait]

名 **明かり，光** ▶ traffic light（**交通信号**）
形 **明るい，軽い**

hospital
[hάspitl]

名 **病院**

left
[left]

名 **左** 形 **左の** 副 **左に**
▶ on your left（**あなたの左側に**）
◆ leave（〜を去る）の過去・過去分詞の left と同じ
つづり。

> I **found** a nice **hat** at the **department store**, but I didn't have **enough money**.

デパートですてきな帽子を見つけたけど，十分なお金がありませんでし…

find [faind]	動 **〜を見つける**，〜だとわかる 過去 found　過分 found
hat [hæt]	名 （まわりにふちのある）**帽子** 関連 （ふちのない）帽子 ▶ cap
department store [dipάːrtmənt stɔːr]	名 **デパート**
enough ❶つづり [inʌ́f]	形副 **必要なだけ（の）**，**十分な〔に〕**
money ❶つづり [mʌ́ni]	名 **お金** ◆数えられない名詞なので a をつけず，複数形に 　しない。 ▶ a lot of money（たくさんのお金）

まとめてチェック 〈生き物　living things〉

bear	▶熊	bee	▶ミツバチ	butterfly	▶チョウ
crane	▶ツル	crow	▶カラス	dinosaur	▶恐竜
dolphin	▶イルカ	elephant	▶象	firefly	▶ホタル
horse	▶馬	insect	▶昆虫	lion	▶ライオン
monkey	▶猿	moth	▶ガ	penguin	▶ペンギン
sheep	▶羊	swallow	▶ツバメ	tiger	▶虎
turtle	▶亀，ウミガメ	whale	▶クジラ	zebra	▶シマウマ

Level 3

Excuse me, could you **tell** me the **way** to the **public**
library? — Sure.

すみません，公共図書館までの行き方を教えていただけますか。—いいです

‡□ **tell**
[tel]

‡□ **way**
[wei]

‡□ **public**
[pʌ́blik]

‡□ **library** ❶つづり
[láibrəri]

動 〈tell＋A＋B〉で**AにBを言う，伝える**
過去 told 過分 told

名 **道，方法**
◆ the way to ～で，「～へ行く道」「～する方法」
という意味になる。
▶ the best way to learn English
（英語を学ぶいちばんよい方法）

形 **公の，公共の**
（関連）私有の，私立の ▶ private

名 **図書館，図書室**
複数形 libraries ❶つづり

文法ガイド

〈動詞＋A＋B〉の文型をとる動詞

tellやgiveなどの動詞は，あとに「人」と「物」の2つの目的語をと
り，「(人)に(物)を～する」という意味を表します。この文型
(SVOO)をとる動詞には，次のようなものがあります。

give A B …AにBを与える　　tell A B …AにBを言う
teach A B …AにBを教える　　send A B …AにBを送る
show A B …AにBを見せる　　make A B …AにBを作る
buy A B …AにBを買う　　ask A B …AにBをたずねる
bring A B …AにBを持ってくる　lend A B …AにBを貸す

The **salesclerk** was very **helpful**.　He **gave** us a lot of **useful** **advice**.

その店員さんはとても助けになりました。彼は私たちにたくさんの役立つアドバイスをくれました。

salesclerk
[séilzklə:rk]
名 (売り場の)**店員**
関連 販売 ▶ sale

helpful
[hélpfəl]
形 **助けになる，役立つ**
関連 動 〜を助ける，手伝う ▶ help

give
[giv]
動 〈give＋A＋B〉で**AにBを与える**
過去 gave　過分 given

useful
[júːsfəl]
形 **役に立つ**
比較 more 〜 － most 〜
関連 動 〜を使う ▶ use

advice
[ədváis] ❶発音
名 **アドバイス，助言**
◆数えられない名詞なので複数形にしない。

Do you have an **extra** **pen**?
— Yeah.　**Here you go**.　I'll **lend** you this one.

余分なペンを持っている？ーうん。はい，これを貸してあげるよ。

extra
[ékstrə]
形 **余分の**

pen
[pen]
名 **ペン**
関連 鉛筆 ▶ pencil

Here you go.
熟 **はい，どうぞ。**
◆物を手渡すときの言い方。Here you are. よりもくだけた表現。

lend
[lend]
動 〈lend＋A＋B〉で**AにBを貸す**
過去 lent　過分 lent
関連 〜を借りる ▶ borrow

Level 3

What do you **want to** be in the **future**? — I **want to** be a
doctor. I **want to help sick** people in **poor** countries.

あなたは将来何になりたいですか。―医者になりたいです。貧しい国に住む病気の人たちを助けたいで

‡□ **want to ～**	熟 **～したい** (単語) want[wɑnt] ▶動 ～がほしい
‡□ **future** [fjúːtʃər]	名 **未来** ▶in the future（将来，未来に）
‡□ **doctor** ❶つづり [dɑ́ktər]	名 **医師**
‡□ **help** [help]	動 **～を助ける，手伝う** 名 助け，援助
‡□ **sick** [sik]	形 **病気の，気分が悪い** ▶be sick in bed（**病気で寝ている**）
‡□ **people** ❶つづり [píːpl]	名 **人々** (関連)（1人の）人 ▶person
‡□ **poor** [puər]	形 **貧しい，かわいそうな** (関連) 金持ちの ▶rich

文法ガイド

〈不定詞〉

〈to＋動詞の原形〉を不定詞といい，次の3つの働きがあります。

① 「～すること」の意味で，名詞と同じ働きをする。
- ▶I like to draw pictures.
  （私は絵を描くのが好きです。）

② 「～するために」の意味で，副詞と同じ働きをする。
- ▶I went to the park to play tennis.
  （私はテニスをするために公園に行きました。）

③ 「～するための」の意味で，形容詞と同じ働きをする。
- ▶I have a lot of things to do.
  （私はすることがたくさんあります。）

> He likes to sit on the bench in the park and draw pictures.

彼は公園のベンチにすわって絵を描くのが好きです。

] like to ～
　熟 **～することが好きだ**
　◆ like ～ingと言うこともできる。
　(関連) ～することが大好きだ ▶ love ～ing [to ～]

] bench
[bentʃ]
　名 **ベンチ**

] draw ❶つづり
[drɔː]
　動 **～を描く，絵を描く**
　◆ ペンなどを使って線で描く場合をさす。
　過去 drew　過分 drawn
　(関連) (絵の具などで) 描く ▶ paint

] picture
[píktʃər]
　名 **絵，写真**
　▶ take a picture (**写真をとる**)
　(関連) 写真 ▶ photo, photograph

Level 3

> Chris, I'd like to introduce my friend to you. This is Gordon.

クリス，ぼくの友だちをきみに紹介したいんだけど。彼はゴードンというんだ。

] I'd like to ～.
　熟 **～したいのですが。**
　◆ I want to ～.のていねいな言い方。I'dはI would
　　の短縮形。would like to ～で「～したいのです
　　が」の意味。
　▶ I'd like to see you soon.
　　(私はすぐにあなたに会いたいです。)
　(関連) ぜひ～したい。 ▶ I'd love to ～.

] introduce
[ìntrədjúːs]
　動 **～を紹介する**
　▶ introduce A to B (AをBに紹介する)

95

109 学校

What **club** are you going to **join**?

― I **decided** to join the **soccer** **club**.

何のクラブに入るの？ーサッカー部に入ることにした

‡□ **club**
[klʌb]

图 **クラブ，部**
▶ club activities（部活動）

‡□ **join**
[dʒɔin]

動 **〜に加わる，参加する**
▶ join a group（グループに参加する）

‡□ **decide**
[disáid]

動 **〜を決める，決心する**
◆ decide to 〜で「〜することを決める」の意味

‡□ **soccer** ❶つづり
[sάkər]

图 **サッカー** ☞ p.43 スポーツ
▶ watch a soccer game on TV
（テレビでサッカーの試合を見る）

 110 日本について

In **winter**, many **foreigners** from **Australia** and **other**
countries come to Hokkaido to **ski**.

冬には，オーストラリアやほかの国からの多くの外国人が北海道にスキーをしに来ま

‡□ **winter**
[wíntər]

图 **冬** ☞ p.12 季節

*□ **foreigner** ❶つづり
[fɔ́(:)rinər]

图 **外国人**
（関連）形 外国の ▶ foreign

‡□ **Australia**
[ɔ(:)stréiliə]

图 **オーストラリア** ☞ p.77 国
（関連）形 オーストラリアの ▶ Australian

‡□ **other** ❶つづり
[ʌ́ðər]

形 **ほかの，別の** ▶ other people（ほかの人々
代 ほかの物〔人〕
（関連）もう1つ（の）▶ another

‡□ **ski**
[ski:]

動 **スキーをする** 图 **スキー（の板）**
▶ go skiing（スキーに行く）☞ p.43 スポーツ

96

Would you like **something** to **drink**?
— Yes.　I'd like **a cup of tea**, please.

何かお飲み物はいかがですか。—はい。紅茶を1杯ください。

Would you like ～ ?	熟 **～はいかがですか。**
	◆ Do you want ～ ? のていねいな言い方。Would you like to ～ ? は「～しませんか」という意味で，Do you want to ～ ? のていねいな言い方になる。
	関連 私は～がほしいのですが。 ▶ I'd like ～.
something [sʌ́mθiŋ]	代 **何か，あるもの〔こと〕**
	◆ ふつう肯定文で使う。something を修飾する形容詞がある場合は，something のあとに形容詞がくる。
	▶ He has something red. （彼は何か赤い物を持っています。）
	◆ 形容詞と不定詞が同時に something を修飾するときは，〈something＋形容詞＋to＋動詞の原形〉の語順になる。
	▶ I'd like something hot to eat. （私は何か温かい食べ物がほしい。）
drink [driŋk]	動 **～を飲む** 名 **飲み物**
	過去 drank 過分 drunk
	関連 ～を食べる ▶ eat, have
a cup of ～	熟 **カップ1杯の～**
	単語 cup [kʌp] ▶ 名 カップ，茶わん
	関連 コップ1杯の～ ▶ a glass of ～
tea [ti:]	名 **茶**
	▶ a cup of tea （**1杯の紅茶**）
	関連 コーヒー ▶ coffee

Level 3

I went **camping** with my family.　At night, we **enjoyed** looking at the **bright stars** in the **sky**.

ぼくは家族とキャンプに行きました。夜は，空の輝く星を見て楽しみまし

*□ **camp**
[kæmp]

動 **キャンプをする** 名 **キャンプ**
▶ go camping（**キャンプに行く**）

*□ **enjoy** 復習
[indʒɔ́i] ❶発音

動 〈enjoy＋〜ing〉で**〜して楽しむ**
▶ enjoy watching TV（テレビを見て楽しむ）

*□ **bright** ❶つづり
[brait]

形 **輝いている**

*□ **star**
[stɑːr]

名 **星，スター**
▶ a movie star（映画スター）

*□ **sky**
[skai]

名 **空** ◆ふつう the をつけて使う。
▶ in the sky（空に）

文法ガイド

〈動名詞〉

　　動名詞とは，「〜すること」という意味を表す動詞の-ing形です。名詞と同じ働きをして，動詞や前置詞の目的語になったり，文の主語や補語になったりします。
〈動名詞を目的語にとる動詞〉
　enjoy, finish, stop など。
〈不定詞を目的語にとる動詞〉
　want, hope, decide など。
〈動名詞も不定詞も目的語にとる動詞〉
　like, love, start, begin など。
〈動名詞と不定詞によって意味が変わる動詞〉
　try to 〜（〜しようとする），try 〜ing（ためしに〜してみる）
　remember to 〜（〜することを覚えている，忘れずに〜する），
　remember 〜ing（〜したことを覚えている）
　forget to 〜（〜することを忘れる），
　forget 〜ing（〜したことを忘れる）

Explaining things in English is difficult.

英語で物事を説明するのは難しい。

explain ❶つづり
[ikspléin]

動 ～を説明する

thing
[θíŋ]

名 もの，こと

in (復習)
[in]

前 (言語などを表して) ～で
▶ speak in Japanese（日本語で話す）

difficult ❶つづり
[dífikəlt]

形 難しい
比較 more ～ ― most ～
(関連) 簡単な ▶ easy
　　　 名 難しさ ▶ difficulty

Tomorrow is a holiday.　Let's do something exciting.
― How about going to the movies?

明日は休日だよ。何かわくわくすることしようよ。―映画を見に行くのはどう？

holiday
[hálədei]

名 休日

exciting
[iksáitiŋ]

形 興奮させる，わくわくするような
比較 more ～ ― most ～
(関連) （人が）興奮した ▶ excited

How about ～?
(復習)

熟 ～はいかがですか。
◆ 提案したり，物をすすめたり，誘ったりするときの表現。What about ～? も同じ意味で使われる。あとに動詞がくるときは-ing形にする。
▶ How about this one?（これはどうですか。）
▶ How about going for a walk?
　（散歩をしませんか。）

Level 3

> My father **wants** a new TV, but my **mother** says **that** we
> don't need one.

ぼくの父は新しいテレビをほしがっています。でも，母は，私たちには必要ないと言っていま

‡□ **want**
　[wɑnt]

‡□ **mother**
　[mʌ́ðər]

‡□ **that** （復習）
　[ðæt]

動 **〜がほしい**
◆進行形にしない。

名 **母** ☞ p.62　家族
（関連）父 ▶ father

接 **〜ということ**
◆あとに〈主語＋動詞〜〉が続く。

> Here, this is a **gift** for you.　I got it at a **market** in Singapore.
> I **hope** you like it.

はい，これはきみへの贈り物だよ。シンガポールの市場で買ったんだ。気に入ってくれるといいんだけ

*□ **gift**
　[gift]

*□ **market**
　[má:rkit]

*□ **Singapore**
　[síŋ(g)əpɔːr]

‡□ **hope**
　[houp]

名 **贈り物**
（関連）贈り物 ▶ present

名 **市場**

名 **シンガポール**

動 **望む** 名 **望み**
▶ I hope（that）〜.（〜であることを望む。）

文法ガイド

〈接続詞 that〉
　接続詞の that は〈that＋主語＋動詞〜〉の形で「〜ということ」
の意味を表します。この that はよく省略されます。
　▶ I think（that）he is right.
　（私は彼が正しいと思います。）

In my mind, I knew that I was wrong.

心の中では，自分が間違っていることをわかっていた。

mind
[maind]

图 心，精神

know (復習)
[nou]

動 ～を知っている
過去 knew [nju:] 過分 known

wrong ❶つづり
[rɔ(:)ŋ]

形 間違った，(道徳的に)悪い
(関連) 正しい ▶ right

A lot of foreign people don't like natto.　They say it smells bad.　But Ben loves it.

Level 3

多くの外国の人は納豆が好きではありません。彼らはくさいにおいがすると言います。
でもベンは大好きです。

foreign ❶つづり
[fɔ́(:)rin]

形 外国の
▶ a foreign language（外国語）
(関連) 图 外国人 ▶ foreigner

smell
[smel]

動 ～のにおいがする　图 におい
▶ It smells good.（いいにおいがします。）
(関連) ～に聞こえる，音 ▶ sound
　　　～の味がする，味 ▶ taste

bad
[bæd]

形 悪い
▶ That's too bad.（**それはいけませんね。**）
比較 worse － worst ❶つづり
(関連) よい ▶ good

love
[lʌv]

動 ～を愛する，～が大好きだ
图 愛

The **sign** in the park **says** that **visitors** **must not** **give** food
to the fish.

公園の標識には，訪問者は魚にエサをやってはいけないと書いてあります

*☆□ **sign** ❶つづり
[sain]

名 **標識，記号，合図**
▶ a traffic sign（交通標識）

*☆□ **say** 復習
[sei]

動 **～と言う，～と書いてある**
3単現 says [sez] 過去 said [sed] ❶発音

□ **visitor** ❶つづり
[vízitər]

名 **訪問者，観光客**
関連 動 ～を訪れる▶ visit

*☆□ **must not**

熟 **～してはいけない**
関連 ～する必要はない▶ don't have to ～

*☆□ **give** 復習
[giv]

動 **～を与える**
過去 gave 過分 given
◆〈give＋A＋B〉または，〈give＋B＋to＋A〉で，
にBを与える」の意味になる。
▶ He gave me a book.
▶ He gave a book to me.
（彼は私に本をくれました。）

*☆□ **food**
[fu:d]

名 **食べ物** ☞ p.48 食べ物
▶ Japanese food（日本食，日本料理）
関連 飲み物▶ drink

Mr. and Mrs. Thomas were preparing dinner in the kitchen
when the bell rang.

ベルが鳴ったとき，トーマス夫妻は台所で夕飯の準備をしていました。

Mrs.
[mísiz]

图 ～さん
◆ 既婚の女性の姓や〈名＋姓〉につける敬称。（女性
　の敬称は，未婚・既婚の区別なく使える Ms. が好
　まれることが多い。）

prepare
[pripéər]

働 ～の準備をする

kitchen ❶つづり
[kítʃin]

图 台所
（関連）食堂（食事をする部屋）▶ dining room

when （復習）
[hwen]

接 ～のとき　副 いつ

bell
[bel]

图 ベル
▶ ring a bell（ベルを鳴らす）

ring
[riŋ]

働 鳴る，～を鳴らす
图 指輪，輪
過去 rang　過分 rung

〈接続詞 when〉

　　接続詞の when は〈when＋主語＋動詞～〉の形で，「～すると
き」という意味を表します。when ～ の部分は文の前半にも後半
にもきます。

　　また，when ～の中の動詞は，未来のことも現在形で表します。
▶ Please call me when you arrive at the station.
▶ When you arrive at the station, please call me.
　（駅に着いたら私に電話をしてください。）

　　このような接続詞には，ほかに，if（もし～ならば），because
（なぜなら～だから），while（～する間），after（～したあとで），
before（～する前に）などがあります。

文法ガイド

Level 3

When you **travel abroad**, you must **show** your **passport** at the **airport**.

海外に旅行をするときは，空港でパスポートを見せなければいけませ

travel [trǽvəl]	動 旅行する　名 旅行
abroad [əbrɔ́ːd]　❶ 発音	副 外国に ▶ go abroad（外国に行く）
show [ʃou]	動 ～を見せる，～を案内する （show that ～で）～だと示す 過去 showed　過分 showed / shown
passport [pǽspɔːrt]	名 パスポート
airport [éərpɔːrt]	名 空港 ◆ air（空気，航空の）＋port（港）。

You shouldn't **take a bath** when you have a **high fever**.

高い熱があるときはお風呂に入らないほうがいいです

take a bath	熟 風呂に入る (単語) bath [bæθ]　▶名 風呂 (関連) シャワーを浴びる ▶ take a shower
high つづり [hai]	形 高い ▶ 300 meters high（300メートルの高さ） (関連) 低い ▶ low
fever [fíːvər]	名（病気の）熱 ▶ have a fever（熱がある）

104

In Japan, we **always** **take off** our **shoes** when we **enter** our homes.

日本では，家に入るときはいつもくつを脱ぎます。

always ❶つづり [ɔ́ːlweiz]	副 **いつも**
take off 〜	熟 **〜を脱ぐ，離陸する** （関連）〜を着る，身につける ▶ put on 〜
shoe ❶つづり [ʃuː]	名 （複数形で）**くつ** ▶ a pair of shoes（1足のくつ）
enter [éntər]	動 **〜に入る** （関連）名 入り口 ▶ entrance

While we **were** in **China**, our **neighbor** **took care of** our pet **bird**.

私たちが中国に行っている間は，隣人がペットの鳥の面倒を見てくれました。

while [ʰwail]	接 **〜する間に** 名 間，時間 ▶ for a while（しばらくの間）
were [wəːr]	動 **are の過去形** ◆主語が you または複数のときに使う。
China [tʃáinə]	名 **中国** ☞ p.77 国 （関連）名 中国人〔語〕，形 中国の ▶ Chinese
neighbor ❶つづり [néibər]	名 **隣人** （関連）近所 ▶ neighborhood
take care of 〜	熟 **〜の世話をする** （単語）care[keər] ▶名 世話，注意 （関連）〜の世話をする ▶ look after 〜
bird [bəːrd] ❶発音	名 **鳥**

I **lost** my **cellphone** today. My **parents got angry** **because** it was **quite expensive**.

ぼくは今日，携帯電話をなくしてしまいました。それは相当高かったので，ぼくの両親は怒りまし

---

*□**lose**
[luːz] ❶発音

動 〜をなくす，〜に負ける
過去 lost 過分 lost
▶ lose the game（試合に負ける）
関連 名 損失 ▶ loss

*□**cellphone**
[sélfoun]

名 携帯電話

*□**parent**
[pé(ə)rənt]

名 親
▶ my parents（私の両親）
関連 父 ▶ father 母 ▶ mother

*□**get** 復習
[get]

動〈get＋形容詞〉で（〜という状態）**になる**，
　〜を手に入れる，持ってくる
過去 got 過分 got / gotten

*□**angry**
[æŋgri]

形 怒った
▶ get angry（怒る）
関連 名 怒り ▶ anger

*□**because** ❶つづり
[bikɔ́(ː)z]

接 なぜなら〜だから
◆ Why 〜?に対し，理由を答えるときにも使う。
　▶ Why were you late?
　　－Because I missed the bus.
　　（どうして遅れたの？－バスに乗り遅れたから

□**quite**
[kwait] ❶発音

副 まったく，かなり

*□**expensive**
[ikspénsiv]

形 高価な
比較 more 〜 － most 〜

I'm **hungry**.　Let's **take** a lunch **break before** we **continue**

our **work**.

おなかが空いた。仕事を続ける前に，ランチの休憩をとりましょう。

hungry ❶つづり
[hʌ́ŋgri]

形 **空腹の，飢えた**
(関連) のどのかわいた ▶ thirsty
　　　名 空腹，飢え ▶ hunger

take a break

熟 **ひと休みする**　◆ have a break とも言う。
(単語) break [breik] ▶名 休憩，中断

before (復習)
[bifɔ́ːr]

接 **～する前に**　前 **～の前に**
(関連) ～したあとに ▶ after

continue
[kəntínjuː] ❶発音

動 **～を続ける**

work (復習)
[wəːrk]

名 **仕事**　動 **働く**
◆「仕事」の意味のときは数えられない名詞として
　扱うので，a をつけず複数形にしない。
▶ I have a lot of work (×works) today.
　（今日，私は仕事がたくさんあります。）

Level 3

I **woke** up at six.　But I couldn't **get out of bed**.

ぼくは6時に目が覚めた。だけど，ベッドから出ることができなかった。

wake
[weik]

動 （ふつう wake up で）**目を覚ます**
過去 woke / waked　過分 woken / waked
(関連) 起きる ▶ get up

get out (of ～)

熟 **（～から）外へ出る，降りる**
(単語) out [aut] ▶副 外へ〔で〕
(関連) ～に入る ▶ get into ～

bed
[bed]

名 **ベッド**
(関連) 寝る，ベッドに入る ▶ go to bed

After my **brother graduated** from **college**, he **became** an **engineer** in the **computer industry**.

ぼくの兄は大学を卒業したあと，コンピューター産業の技師になりまし

‡□**after** [ǽftər]	接 〜したあとで　前 〜のあとに 関連 〜の前に ▶ before
‡□**brother** ❶つづり [brʌ́ðər]	名 兄，弟 関連 姉，妹 ▶ sister
□**graduate** [grǽdʒueit]	動 卒業する ▶ graduate from 〜（〜を卒業する）
‡□**college** ❶つづり [kɑ́lidʒ]	名 （単科）大学 関連 （総合）大学 ▶ university
‡□**become** [bikʌ́m]	動 〜になる 過去 became　過分 become ◆〈become＋名詞〔形容詞〕〉で「〜になる」。
*□**engineer** [endʒiníər] ❶発音	名 技師
‡□**computer** [kəmpjúːtər]	名 コンピューター
*□**industry** [índəstri]	名 産業 複数形 industries

まとめてチェック

〈職業　jobs〉

baker	▶パン職人	chef	▶料理長
dentist	▶歯科医師	fire fighter	▶消防士
flight attendant	▶客室乗務員	florist	▶生花店の店主
lawyer	▶弁護士	police officer	▶警察官
president	▶大統領，社長	professor	▶教授
soldier	▶兵士	vet	▶獣医師

Long **ago**, people **thought** the **earth** was **flat**.　Now, **of course**, we know that it is **round**.

ずっと昔, 人々は地球が平らだと思っていた。今はもちろん, 私たちは地球が丸いということを知っている。

ago
[əgóu]　❶発音

think
[θiŋk]

earth
[əːrθ]　❶発音

flat
[flæt]

of course

round
[raund]

副 （今から）〜前に
関連 ずっと前に ▶ long ago, a long time ago

動 〜と思う, 考える
過去 thought　過分 thought ❶つづり

名 地球　◆ふつうtheをつけて使う。
関連 太陽 ▶ sun
　　　月 ▶ moon

形 平らな

熟 もちろん
単語 course [kɔːrs] ▶名 進路, コース

形 丸い
副 ぐるりと, まわって　前 〜のまわりに
◆aroundと同じ意味でも使われる。

Level 3

What time is your **concert** this weekend?　I'd like to go.

今週末のコンサートは何時? 行きたいな。

What time 〜?

熟 何時(に)
単語 time [taim] ▶名 時間, 時

concert
[kánsə(ː)rt]

名 コンサート

Linda is coming to my house **after school**.　Can you come, too?　— It **sounds** like **fun**.　**I'd love to** go.

放課後，リンダが私の家に来るんだ。きみも来られる？−おもしろそうね。ぜひ行きたい

*□ **after school**	熟 放課後
*□ **sound** 復習 [saund]	動 ～に聞こえる　名 音 ◆動詞「～に聞こえる」は，〈sound＋形容詞〉 　たは〈sound like＋名詞〉の形で使う。 　▶It sounds interesting.（おもしろそうですね。 　▶It sounds like fun.（おもしろそうですね。）
*□ **fun** ❶つづり [fʌn]	名 おもしろいこと 　▶It's a lot of fun.（それはとてもおもしろい。） 関連 形 おかしい ▶funny
*□ **I'd love to ～.**	熟 ぜひ～したい。 関連 ～したいのですが。 ▶I'd like to ～.

Ken **loves to sing**.　His **dream** is to become a **professional singer**.

ケンは歌を歌うのが大好きです。彼の夢はプロの歌手になることで

*□ **love to ～**	熟 ～することが大好きだ ◆love ～ing と言うこともできる。 関連 ～することが好きだ ▶like ～ing〔to ～〕
*□ **sing** [siŋ]	動 (～を)歌う 過去 sang　過分 sung 関連 名 歌 ▶song
*□ **dream** [dri:m]	名 夢　動 夢を見る 　▶have a dream（夢を見る，夢がある）

professional

[prəféʃ(ə)nəl]

形 専門的な，プロの
▶ a professional soccer player
（プロのサッカー選手）

singer

[síŋər]

名 歌手
▶ a good singer（歌のうまい人，よい歌手）

〈人を表す語〉

まとめてチェック

sing（歌う）→ singer（歌手）のように，動詞に -er をつけて「〜する人」の意味になるものがあります。語によっては，-or をつける場合もあります。

・動詞に -er / -or をつける語

act（演じる） → actor（俳優，男優）
begin（始める） → beginner（初心者）
dance（踊る） → dancer（ダンサー，踊り手）
design（設計する） → designer（デザイナー，設計者）
lead（指導する） → leader（指導者）
paint（絵を描く） → painter（画家）
perform（演じる） → performer（演奏者，役者）
photograph（写真）→ photographer（写真家）
play（プレーする） → player（選手，演奏者）
report（報告する） → reporter（リポーター，報道記者）
run（走る） → runner（走者，ランナー）
sail（航海する） → sailor（船員）
sing（歌う） → singer（歌手）
speak（話す） → speaker（話者，スピーカー）
teach（教える） → teacher（教師）
train（訓練する） → trainer（訓練する人）
visit（訪問する） → visitor（訪問者）
work（働く） → worker（労働者）
write（書く） → writer（作家）

Did you **remember** to **call** David?
— Oh, no, I **forgot**! I'll **call** him right now.

デイビッドに電話をするのを覚えてた？ーしまった。忘れてた！ 今かける

‡□ **remember**

[rimémbər]

動 ～を覚えている，～を思い出す

◆で「（これから）～すること を覚えている，忘れずに～する」。
で「（過去に）～したことを 覚えている」。

▶ She remembered meeting him before.
（彼女は彼に以前会ったことを覚えていました）

‡□ **call**

[kɔːl]

動 ～に電話をかける，～を呼ぶ

‡□ **forget**

[fərgét]

動 ～を忘れる

過去 forgot　過分 forgotten / forgot

◆〈forget to ～〉で「～することを忘れる」。
〈forget ～ing〉で「～したことを忘れる」。

▶ Don't forget to call him.（必ず彼に電話してね

▶ I forgot calling him.
（私は彼に電話したことを忘れていました。）

Yumi, can I have **a piece of paper**? I forgot to **bring** my
notebook. — Sure. **Here you are**.

ユミ，紙を1枚もらっていい？ ノートを持ってくるのを忘れちゃったんだ。ーもちろん。はい，どう

*□ **a piece of ～**

熟 1枚〔1切れ〕の～

▶ a piece of advice（1つの忠告）

単語 piece[piːs] ▶图 1つ，1片 ❶つづり

‡□ **paper**

[péipər]

图 紙

▶ two pieces of paper（2枚の紙）

bring
[briŋ]

動 ～を持ってくる，連れてくる
過去 brought 過分 brought ❶つづり
(関連) ～を持っていく，連れていく ▶ take

notebook
[nóutbuk]

名 ノート
(関連) メモ，覚え書き ▶ note

Here you are.

熟 はい，どうぞ。
◆物を手渡すときの言い方。Here you go. や Here it is. とも言う。

I tried to climb the large hill with my bicycle, but I couldn't.

ぼくは自転車でその大きな丘を登ろうとしたが，できなかった。

Level 3

try to ～

熟 ～しようとする
(関連) try ～ing ▶（ためしに）～してみる

climb ❶つづり
[klaim]

動 ～を登る

large
[lɑːrdʒ]

形 大きい，広い
(関連) 小さい ▶ small

hill
[hil]

名 丘

with (復習)
[wið]

前（道具・手段を表して）～で
▶ write with a pen（ペンで書く）

bicycle ❶つづり
[báisikl]

名 自転車
(関連) 自転車 ▶ bike　◆bicycle を縮めた言い方で，話し言葉でよく使われる。

I'm **saving** money to **buy** a **video** game.　The game is **twenty dollars**.

私はテレビゲームを買うためにお金をためています。そのゲームは20ドルで

*□ **save**　　　 ▶ 動 〜を蓄える，救う
[seiv]　　　　　　▶ save money（お金をためる）

*□ **buy** ❶つづり　　動 〜を買う
[bai]　　　　　　過去 bought [bɔːt]　過分 bought ❶つづり
　　　　　　　　　関連 〜を売る ▶ sell

*□ **video**　　　名 動画
[vídiou]　　　　　▶ a video game（テレビゲーム）
　　　　　　　　　▶ make a video about our school
　　　　　　　　　　（私たちの学校についての動画を作る）

*□ **twenty**　　　名形 20（の）　☞ p.15　基数・序数
[twénti]

*□ **dollar** ❶つづり　名 ドル
[dάlər]　　　　　関連 セント ▶ cent　◆100セント＝1ドル。

My **baseball coach** says that you have to use your **whole body** to **throw** the ball.

ぼくの野球のコーチは，ボールを投げるには体全体を使わなければいけないと言ってい

*□ **baseball**　　名 野球　☞ p.43　スポーツ
[béisbɔːl]

*□ **coach**　　　名 コーチ
[koutʃ] ❶発音

*□ **whole** ❶つづり　形 全体の　名 全体
[houl]

*□ **body**　　　名 体　☞ p.24　体
[bάdi]

throw

[θrou]

動 〜を投げる

▶ throw away（〜を捨てる）

過去 threw　過分 thrown

ball

[bɔːl]

名 ボール

🎧 **138**　説明・描写

This coffee machine is simple to use.　Just put water into
t and push this button.

このコーヒーメーカーは，使うのが簡単です。ただ水をその中に入れて，このボタンを押してください。

coffee ❶つづり

[kɔ́(ː)fi]

名 コーヒー

machine ❶つづり

[məʃíːn]

名 機械

▶ a vending machine（自動販売機）

simple

[símpl]

形 簡単な，質素な

関連 副 単に ▶ simply

put

[put]

動 〜を置く

過去 put　過分 put（原形と同じ）

-ing形 putting ❶つづり

water

[wɔ́ːtər]

名 水

◆ 数えられない名詞。a をつけず，複数形にしない。

into 復習

[íntuː]

前 〜の中へ

▶ put … into 〜（…を〜の中に入れる）

push

[puʃ]

動 〜を押す

関連 〜を引く ▶ pull

button

[bʌ́tn] ❶発音

名 ボタン

Level 3

The purpose of this meeting is to choose our next leader.

このミーティングの目的は，私たちの次のリーダーを選ぶこと〔で〕

purpose ❶つづり
[pə́:rpəs]

图 **目的**
▶ What's the purpose of your visit?
（あなたの訪問の目的は何ですか。）

choose
[tʃuːz]

動 **〜を選ぶ**
過去 chose　過分 chosen
関連 图 選択 ▶ choice

leader
[líːdər]

图 **指導者，リーダー**
関連 動 〜を導く ▶ lead

If you have any questions, just raise your hands.　I'll be happy to answer them.

もし質問があったら，ただ手をあげてください。私は喜んでお答えしま〔す〕

if
[if]

接 **もし〜ならば**
◆ if 〜の中の動詞は，未来のことも現在形で表す
▶ I'll go swimming if it is sunny next Saturday.
（次の土曜日晴れだったら，私は泳ぎに行きます〔。〕）

raise
[reiz] ❶発音

動 **〜を上げる**
関連 上がる，（日が）のぼる ▶ rise

be happy to 〜

熟 **喜んで〜する，〜してうれしい**
▶ I'm happy to hear that.
（私はそれを聞いてうれしいです。）

answer
[ǽnsər]

動 **〜に答える** 图 **答え**
関連 質問 ▶ question

I like listening to the radio.　There are many interesting language programs.

> 私はラジオを聞くのが好きです。たくさんのおもしろい語学番組があります。

like ～ing	熟 **～することが好きだ**
	◆ like to ～ と言うこともできる。
listen to ～	熟 **～を聞く**
	（単語）listen [lísn] ▶動 聞く
	（関連）～を見る ▶ look at ～
radio [réidiou] ❶発音	名 **ラジオ**
language ❶つづり [lǽŋgwidʒ]	名 **言語** ☞ p.77 国
	▶ a foreign language（外国語）
program [próugræm] ❶発音	名 **番組，プログラム**
	▶ TV program（テレビ番組）

Level 3

The singer has a soft, low voice.　Listening to his songs relaxes me.

> その歌手は，やわらかくて低い声をしています。彼の歌を聞くと落ち着きます。

soft [sɔ(ː)ft]	形 **やわらかい**
	（関連）かたい ▶ hard
low [lou]	形 **低い**
	（関連）高い ▶ high
voice [vɔis]	名 **声**
song [sɔːŋ]	名 **歌**
relax [rilǽks]	動 **～をくつろがせる，くつろぐ**

Put the cups in the sink after you finish using them.
Don't leave them on the table.

使い終わったら，カップは流しに入れてください。テーブルに置いたままにしないでくださ

*□ put … in ～	熟 …を～に入れる
*□ cup [kʌp]	名 カップ，茶わん
□ sink [siŋk]	名 台所の流し 動 沈む 過去 sank/sunk 過分 sunk
*□ finish [fíniʃ]	動 ～を終える，終わる ◆〈finish ～ing〉で「～し終える」の意味。
*□ leave [liːv]	動 ～のままにしておく，～を去る 過去 left 過分 left
*□ table [téibl]	名 テーブル

 144 スポーツ

Swimming in the sea is very different from swimming in a
pool. There are waves in the sea.

海で泳ぐことはプールで泳ぐこととは，まったく違います。海には波がありま

*□ swim [swim]	動 泳ぐ ▶ go swimming（泳ぎに行く） 過去 swam 過分 swum -ing形 swimming
*□ sea [siː]	名 海 (関連) 湖 ▶ lake 大洋 ▶ ocean
*□ be different from ～	熟 ～と異なる (単語) different [dífərənt] ▶ 形 違った，異なっ
□ pool [puːl]	名 プール ▶ a swimming pool（水泳プール）

wave

[weiv]

名 波　動 (手を)振る

🎧 145 日本について

Sending New Year's **cards** is a **common Japanese custom**.
Children and **adults** send **cards** to friends.

年賀状を送ることは一般的な日本の習慣です。子どもや大人が友だちにカードを送ります。

card

[káːrd]

名 カード，はがき，トランプ
▶ play cards（トランプをする）

common ❶つづり

[kámən]

形 共通の，ふつうの
▶ a common language（共通語）

Japanese

[dʒæpəníːz]

形 日本の，日本人〔語〕の
名 日本語，日本人
(関連) 名 日本 ▶ Japan

custom

[kʌstəm]

名 (社会の)慣習，習慣
(関連) (個人の)習慣 ▶ habit

child

[tʃaild]

名 子ども
(複数形) children ❶つづり
(関連) 名 赤ちゃん ▶ baby

adult

[ədʌlt]

名 大人　形 大人の

まとめてチェック

〈不規則に変化する複数形〉

child（子ども）	→ children	foot（足）	→ feet
man（男の人）	→ men	tooth（歯）	→ teeth
woman（女の人）	→ women		

〈単数形と複数形が同じもの〉

| Japanese（日本人） | yen（〈通貨の〉円） |
| fish（魚） | sheep（羊） |

Don't **be afraid of** **making** **mistakes**. Just **have fun** and
do your best.

間違えることを恐れないで。とにかく楽しんで，ベストを尽くし

*□ **be afraid of ～**	熟 **～を恐れる**
	◆ofのあとに動詞がくるときは動名詞にする。
	単語 afraid［əfréid］▶形 恐れて
*□ **make a mistake**	熟 **間違える**
	単語 mistake［mistéik］▶名 間違い，誤り
*□ **have fun**	熟 **楽しむ**
	単語 fun［fʌn］▶名 おもしろいこと
	関連 大いに楽しむ▶have a lot of fun
*□ **do your best**	熟 **最善を尽くす**
	◆yourは主語に応じてmyなどの所有格になる。

Sam, did you **enjoy yourself** at the **party** yesterday?
— Yes, I **had a** very **good time**. Thanks for **inviting** me.

サム，昨日のパーティーは楽しんだ？ーうん，とても楽しい時間だったよ。招待してくれてありがと

□ **enjoy yourself**	熟 **楽しく過ごす**
	◆yourselfは主語に応じて，myself, ourselves
	ど を使い分ける。
*□ **party**	名 **パーティー，会**
［pá:rti］	
*□ **have a good time**	熟 **楽しく過ごす**
	関連 つらい時を過ごす▶have a hard time
*□ **invite**	動 **～を招待する**
［inváit］❶発音	関連 名 招待▶invitation

120

I'm looking forward to going to high school.　But I'm sad to say goodbye to my junior high school friends.

私は高校に行くのが楽しみです。だけど，中学の友だちに別れを告げるのはさびしいです。

look forward to 〜	熟 **〜を楽しみに待つ** ◆toのあとに動詞がくるときは動名詞にする。 　▶He is looking forward to seeing you. 　（彼はあなたに会うことを楽しみにしています。） 　単語 forward [fɔ́ːrwərd] ▶副 前方へ
high school [hái skuːl]	名 **高校** 　関連 高校生 ▶a high school student
be sad to 〜	熟 **〜して悲しい** 　単語 sad [sǽd] ▶形 悲しい 　関連 〜してうれしい ▶be happy to 〜
goodbye [gu(d)bái]	間 **さようなら** 名 **別れのあいさつ** 　▶say goodbye to him（彼に別れを告げる）
junior high school [dʒúːnjər hái skuːl]	名 **中学校** ◆juniorは「年下の」という意味。 　関連 中学生 ▶a junior high school student

Level 3

121

∩ 149 説明・描写

In the **interview**, the **actor talked** about his **past** and his **reason** for becoming an **actor**.

そのインタビューの中で，その俳優は自分の過去について，また，俳優になった理由について話をし

*□**interview** [íntərvjuː]	名 **インタビュー，面接**
□**actor** ❶つづり [ǽktər]	名 **俳優，男優** （関連）女優 ▶ actress 　　　動 〜を演じる ▶ act
□talk ❶つづり [tɔ́ːk]	動 **話す** ▶ talk about 〜（〜について話す）
□**past** [pæst]	名 **過去** 形 **過去の** 前 **〜を過ぎて** （関連）未来 ▶ future 　　　現在 ▶ present
*□**reason** [ríːzn]	名 **理由** （関連）形 道理にかなった ▶ reasonable

∩ 150 家庭生活

Before **leaving** the house, **turn off** the **lights** and **close** all the **windows**.

家を出る前に電気を消して窓を全部閉めて

*□**leave** （復習） [líːv]	動 **〜を去る，出発する，〜のままにしておく** 過去 left　過分 left
*□**turn off 〜** （復習）	熟 **〜を消す，〜を止める** （関連）〜をつける ▶ turn on 〜
*□**light** （復習） [láit]	名 **明かり，光** ▶ traffic light（交通信号） 形 **明るい，軽い** ▶ a light lunch（軽い昼食） （関連）暗い ▶ dark　　重い ▶ heavy

close
[klouz]

動 ～を閉じる，閉まる
関連 ～を開ける，開く ▶ open

all
[ɔːl]

形 すべての　代 全員，すべて
◆否定文（not … all ～）で使われると，ふつう「すべてが～とは限らない」の意味になる。
▶ I didn't make all the boxes.
（私がすべての箱を作ったわけではありません。）

window
[wíndou]

名 窓
関連 戸 ▶ door

🎧 **151** 主張・意見

Don't use a **mobile phone** when you **drive**.　You should **pay attention** to your **driving**.

運転するときに携帯電話を使ってはいけません。運転に注意を払うべきです。

mobile phone
[móubəl foun]

名 携帯電話
◆ cellphone / cellular phone と同じ。mobile は「移動できる」という意味。

drive
[draiv]

動 ～を運転する
過去 drove　過分 driven [drívən] ❶発音
▶ drive a car（車を運転する）
関連 運転手 ▶ driver

pay ❶つづり
[pei]

動 ～を払う
過去 paid　過分 paid
▶ pay him 10 dollars（彼に10ドル払う）

attention
[əténʃən]

名 注意
▶ pay attention to ～（～に注意を払う）

I'm **taller than** Eric, but Greg is the **tallest of** the three of us.

ぼくはエリックよりも背が高いけど，グレッグがぼくたち3人の中でいちばん背が高

⁂□**tall**　[tɔ:l]	形 **（背が）高い**　（関連）（背が）低い，短い ▶ short
⁂□**than**　[ðæn]	接前 **～よりも**　◆〈比較級+than ～〉の形で使われる。
⁂□**of**（復習）　[ɑv, ɔv]	前 **（最上級の文で）～の中で**　▶ the biggest of all（すべての中でいちばん大きい

Mt. Fuji is the highest **mountain** in Japan.　It is **famous for**
its **beautiful shape.**

富士山は日本でいちばん高い山です。それはその美しい形で有名で

⁂□**Mt.**　[maunt]	名 **～山**　◆ Mountを略した表記。山の名前の前につけて使
⁂□**mountain**　[máuntin]	名 **山**　（関連）谷 ▶ valley
⁂□**beautiful** ❶つづり　[bjú:təfl]	形 **美しい，きれいな**
⁕□**shape**　[ʃeip]	名 **形，姿**

文法ガイド　〈比較〉

　　〈比較級＋than …〉は2つのものを比べて「…よりも～」の意味
を表します。また，〈the＋最上級＋of〔in〕…〉は3つ以上のもの
を比べて「…の中でいちばん～」という意味を表します。

Which do you like **better**, **cats or** dogs?
— That's a **hard** question.　**Both** are cute.

あなたはねこと犬ではどちらがより好きですか。－それは難しい質問ね。両方ともかわいいよ。

better ❶つづり [bétər]	形 **よりよい**（goodの比較級） 副 **よりよく**（wellの比較級） ▶ She speaks English better than I do. 　（彼女は私よりもじょうずに英語を話します。） （関連）最もよい〔よく〕▶ best
cat [kæt]	名 **ねこ**
or [ɔːr]	接 **～または…，それとも** （関連）～と…，そして▶ and
hard [hɑːrd]	形 **難しい，つらい** 副 **一生懸命に，熱心に，激しく** ▶ study hard（一生懸命に勉強する） （関連）難しい▶ difficult 　　　　簡単な▶ easy
both [bouθ]	代 **両方**　形 **両方の** ▶ both A and B（**A も B も両方とも**）

Level 3

文法ガイド

「どちらが好き？」「どれがいちばん好き？」

　〈Which do you like better, A or B?〉は「AとBとではどちらが好きですか」の意味で，〈Which do you like (the) best of〔in〕…?〉は「…の中でどれがいちばん好きですか」という意味になります。

▶ Which do you like better, spring or fall? — I like spring better.
（春と秋ではどちらが好きですか。－春のほうが好きです。）

▶ Which do you like (the) best of the four seasons?
　— I like spring (the) best.
（四季の中でどれがいちばん好きですか。－春がいちばん好きです。）

Tina **covered** her **nose** and **mouth** with a **handkerchief**.

ティナはハンカチで鼻と口をおおいまし

*□ **cover**
[kʌ́vər]

⟮動⟯ 〜をおおう
▶ be covered with 〜（〜でおおわれている）

*□ **nose**
[nouz]

⟮名⟯ 鼻　☞ p.24　顔

*□ **mouth** ❶つづり
[mauθ]

⟮名⟯ 口　☞ p.24　顔

□ **handkerchief**
[hǽŋkərtʃi(:)f]

⟮名⟯ ハンカチ

Tommy is a very **clever kid** with a **rich imagination**.

トミーは，豊かな想像力を持ったかしこい子で

□ **clever**
[klévər]

⟮形⟯ りこうな

□ **kid**
[kid]

⟮名⟯ 子ども　◆childのくだけた言い方。
⟮動⟯ からかう
▶ No kidding! / Are you kidding?
（冗談でしょう！）

*□ **rich**
[ritʃ]

⟮形⟯ 豊かな，金持ちの
関連 貧しい ▶ poor

*□ **imagination**
[imædʒənéiʃən]

⟮名⟯ 想像（力）
関連 ⟮動⟯ 〜を想像する ▶ imagine

George doesn't have a **wallet**.　He **puts** all his **coins** in his **pocket**.

ジョージは財布を持っていません。彼は，コインを全部ポケットに入れています。

wallet
[wɑ́lit]

　図 札入れ

put … in ～
(復習)

　熟 …を～に入れる

coin
[kɔ́in]

　名 硬貨
　(関連) 紙幣 ▶ bill

pocket
[pɑ́kit]

　名 ポケット

Books are important.　**However**, we can **learn** some things only **through experience**.

本は大事です。しかしながら，経験を通してしか学べないことがあります。

however
[hauévər] 🔴発音

　副 しかしながら
　◆ but よりもかたい言い方で，書き言葉でよく使われる。

learn (復習)
[lə́:rn]

　動 ～を学ぶ，習う
　◆ study（勉強する）と異なり，learn は「覚えて身につける，マスターする」という意味で使われる。

through 🔴つづり
[θru:]

　前 ～を通して，～を通り抜けて
　▶ go through a tunnel（トンネルを通り抜ける）
　◆ throw（～を投げる）の過去形 threw と発音が同じ。

experience
[ikspí(ə)riəns]

　名 経験

Level 3

I'm surprised. You know a lot about American culture.
— Yes. I'm very interested in the United States.

驚いたわ。アメリカの文化についてよく知っているのね。―うん。アメリカにすごく興味があるん

□ **surprised** [sərpráizd] ❶発音	形 驚いた ▶ be surprised at ～（～に驚く） 関連 動 ～を驚かす，名 驚き ▶ surprise
□ **a lot**	熟 とても，たくさん ▶ Thanks a lot.（どうもありがとう。）
□ **American** [əmérikən]	形 アメリカ（人）の 名 アメリカ人 関連 名 アメリカ ▶ America
□ **culture** ❶つづり [kʌ́ltʃər]	名 文化 ▶ Japanese culture（日本の文化） 関連 形 文化の ▶ cultural
□ **be interested in ～**	熟 ～に興味がある 単語 interested [íntəristid] ▶ 形 興味を持っ
□ **United States** [juːnáitid stéits]	名（the をつけて）**アメリカ合衆国** ☞ p.77 国 ◆ the U.S. と略すこともある。また，単に the Stat と略すこともある。正式な国名は the United Sta of America。

> Your **feet** are really **wet**. Here, use this **towel** and **dry yourself**.

足がびしょびしょにぬれているじゃない。はい，このタオルを使って乾かしなさい。

foot
[fut]

名 足（足首から下の部分をさす） ☞ p.24 体
複数形 feet
関連 脚（足首から上の部分をさす）▶ leg

wet
[wet]

形 ぬれた
関連 乾いた ▶ dry

towel
[táu(ə)l] ❗発音

名 タオル

dry
[drai]

動 ～を乾かす　形 乾いた

yourself
[juərsélf]

代 あなた自身（を）
複数形 yourselves ❗つづり

Level 3

〈再帰代名詞〉

　～self, ～selves の語を再帰代名詞といい，「～自身」という意味を表します。

単　数		複　数	
私自身	myself	私たち自身	ourselves
あなた自身	yourself	あなたたち自身	yourselves
彼自身	himself	彼ら自身	themselves
彼女自身	herself	彼女ら自身	
それ自身	itself	それら自身	

文法ガイド

In our **everyday life**, we **waste** a lot of water and **electricity**

日常生活の中で，私たちはたくさんの水と電気をむだにしていま

*□**everyday** [évridei]	形 **毎日の，日常の** （関連）毎日の ▶ daily
‡□**life** [laif]	名 **生活，生命** 複数形 lives ❶つづり （関連）動 生活する，住む ▶ live
*□**waste** [weist]	動 **～をむだに使う** 名 浪費 ▶ waste of time（時間の浪費）
*□**electricity** [ilektrísəti] ❶発音	名 **電気** （関連）形 電気の ▶ electric

I **agree** with Jack's **opinion**. We should **reduce trash**, and
we should **recycle more**.

私はジャックの意見に賛成です。私たちはゴミを減らして，もっとリサイクルをするべきで

‡□**agree** [əgríː]	動 **同意する** ▶ agree with ～（～に同意する）
‡□**opinion** [əpínjən] ❶発音	名 **意見** ▶ in my opinion（私の意見では）
*□**reduce** [rid(j)úːs]	動 **～を減らす**
‡□**trash** [træʃ]	名 **ゴミ** ◆aをつけず，複数形はなし。 （関連）生ゴミ ▶ garbage
‡□**recycle** ❶つづり [riːsáikl]	動 **～をリサイクルする** ▶ recycle paper（紙をリサイクルする） （関連）名 リサイクル ▶ recycling
‡□**more** [mɔːr]	副 **もっと** 形 **もっと多くの** 代 もっと多くのこと〔物，人〕

> The **ALT** **pronounced** the **alphabet** **slowly**.　The students
> **listened** **carefully** and **repeated** after him.

ALTはアルファベットをゆっくり発音しました。生徒たちは注意深く聞き，彼のあとをくり返しました。

ALT [éieltí:]	名 外国語指導助手 ◆ assistant language teacher の略。
pronounce [prənáuns] ❶発音	動 〜を発音する
alphabet [ǽlfəbet]	名 アルファベット
slowly [slóuli]	副 ゆっくりと [比較] more 〜 − most 〜 ▶ speak slowly（ゆっくりと話す） (関連) 形 遅い ▶ slow
listen ❶つづり [lísn]	動 聞く ◆ hear（自然に耳に入る，聞こえる）と異なり， listen は「耳をかたむける」という意味。
carefully [kéərfəli]	副 注意深く [比較] more 〜 − most 〜 (関連) 形 注意深い ▶ careful
repeat [ripí:t]	動 (〜を)くり返す

Level 3

まとめてチェック

形容詞の一部には，語尾に -ly をつけると副詞になるものがあります。
▶ careful（注意深い） → carefully（注意深く）
▶ easy（簡単な）　　　 → easily（簡単に）
▶ happy（幸せな）　　 → happily（幸せに）
▶ real（本当の）　　　 → really（本当に）
▶ slow（遅い）　　　　 → slowly（ゆっくりと）
▶ usual（ふつうの）　　 → usually（ふつうは）

The **bridge over** the **river looked** old.   I didn't want to
walk **across** it.

川にかけてあるその橋は古そうに見えた。私はそれを歩いて渡りたくなっ

☆☆□ **bridge** ❶つづり [brídʒ]	名 橋
☆☆□ **over** [óuvər]	前 〜の上の〔に〕，〜より多い 副 上方へ，終わって ▶ School is over.（授業は終わりです。） （関連）〜より多い ▶ more than 〜 向こうに ▶ over there
☆☆□ **river** [rívər]	名 川 ▶ swim in the river（川で泳ぐ） （関連）海 ▶ sea 湖 ▶ lake
☆□ **look** [lúk]	動 見る，〜に見える ◆〈look＋形容詞〉で「〜に見える」の意味。
☆□ **across** [əkrɔ́(:)s]	前 〜を横切って ▶ across the street（通りを横切って）

132

Level 4

レベル4

全75例文（No. 165〜239）
文型のめやす ▶ 中2レベル

〈おもな新出文型〉
なし（レベル3までと同じ）

Don't **tell** Mom **anything** about the birthday **cake yet**.
I want to **surprise** her.

お母さんには誕生日ケーキのことはまだ何も言わないでね。驚かせたい

‡□**tell** 復習 [tel]	動 〈tell＋A＋B〉で**AにBを言う，教える** 過去 told 過分 told
‡□**anything** 復習 [éniθiŋ]	代 **何も，何か** ◆ふつう疑問文・否定文で使う 関連 (肯定文で) 何か ▶ something
‡□**cake** [keik]	名 **ケーキ**
‡□**yet** [jet]	副 (否定文で) **まだ（〜ない），** (疑問文で) **もう** 関連 (肯定文で) まだ ▶ still (肯定文で) もう，すでに ▶ already
*□**surprise** [sərpráiz] ❶発音	動 **〜を驚かせる** 名 **驚き** 関連 形 驚くべき ▶ surprising

I'll **tell** you the **truth**. But it's a **secret** so don't tell **anybody**.
— I won't. I **promise**.

あなたに真実をお話しします。でも，秘密ですのでだれにも言わないでください。一言いません。約束しま

□**truth** [truːθ]	名 **真実** 関連 形 本当の ▶ true
□**secret** [síːkrit]	名 **秘密** 形 **秘密の** ▶ keep a secret（秘密を守る）
□**anybody** [énibɑdi]	代 **だれか，だれも** ◆おもに疑問文・否定文で使う。 関連 (肯定文で) だれか ▶ somebody
*□**promise** [prάmis]	動 **約束する** 名 **約束** ▶ keep a promise（約束を守る）

My **grandma** became very **ill** last year.　Her **illness taught** me the **importance** of good **health**.

私のおばあちゃんは昨年，重病になりました。彼女の病気は，私に健康の大切さを教えてくれました。

grandma
[grǽn(d)mɑː]

图 **おばあちゃん**　☞ p.62　家族
◆ grandmother（祖母）のくだけた言い方。
（関連）おじいちゃん ▶ grandpa
　　　祖父 ▶ grandfather

ill
[il]

形 **病気で〔の〕**
（関連）病気の，気分が悪い ▶ sick

illness
[ílnis]

图 **病気**

teach
[tiːtʃ]

動 〈teach＋A＋B〉で**AにBを教える**
◆ teach は「（学問や技術を）指導する」という意味。「道順を教える」などと言うときは，teach ではなく「（相手に何かを）伝える，言う」という意味の tell を使う。
過去 taught　過分 taught ❗つづり
（関連）教師 ▶ teacher

importance
[impɔ́ːrt(ə)ns]

图 **重要（性），大切さ**
（関連）形 重要な ▶ important

health ❗つづり
[helθ]

图 **健康**
（関連）形 健康な ▶ healthy

Level 4

168 主張・意見

I'm **confident** that I can **succeed**.　Please give me a **chance**.

私は成功する自信があります。私に機会をくださ

□ **confident**
[kánfidənt]

形 **自信のある**
関連 名 自信 ▶ confidence

□ **succeed** ❶つづり
[səksíːd]

動 **成功する**
関連 名 成功 ▶ success
　　 形 成功した ▶ successful

＊□ **chance**
[tʃæns]

名 **機会**
▶ have a chance to ～（～する機会がある）

 169 説明・描写

The **population** of the **world** is **rising**.　Today, there are **over** eight **billion** people in the **world**.

世界の人口は増えています。こんにち，世界には80億人超の人々がいま

＊□ **population**
[pɑpjuléiʃən]

名 **人口**

‡□ **world**
[wəːrld] ❶発音

名 **世界**
◆ふつう the をつけて使う。

＊□ **rise**
[raiz]

動 **上がる，（太陽・月が）のぼる**
過去 rose 過分 risen
関連 （太陽・月が）沈む ▶ set

‡□ **over** （復習）
[óuvər]

前 **～より多い，～の上の〔に〕**
副 **上方へ，終わって**
関連 ～より多い ▶ more than ～

□ **billion** ❶つづり
[bíljən]

名形 **10億（の）** ☞ p.15 基数・序数
関連 100万（の） ▶ million

Italy is a great place for sightseeing.　There are many World Heritage sites there.

イタリアは観光にとてもよい場所です。そこにはたくさんの世界遺産があります。

Italy
[ítəli]

名 **イタリア**　☞ *p.77* 国
関連 名 イタリア人〔語〕, 形 イタリアの ▶Italian

place
[pleis]

名 **場所**

sightseeing
[sáitsiːiŋ]

名 **観光**
関連 光景 ▶sight

heritage
[hérətidʒ]

名 **遺産**
▶World Heritage（世界遺産）

site
[sait]

名 **用地, 場所**
◆sight（光景）と発音が同じ。

Mr. King's brave actions gave courage to millions of people.

Level 4

キング氏の勇敢な行動は，何百万もの人に勇気を与えました。

brave
[breiv]

形 **勇敢な**

action
[ǽkʃən]

名 **行動**
関連 動 行動する ▶act
　　形 活動的な ▶active

courage ❶つづり
[kə́ːridʒ]

名 **勇気**
関連 動 ～を勇気づける ▶encourage

million ❶つづり
[míljən]

名形 **100万（の）**　☞ *p.15*　基数・序数
▶millions of ～（何百万もの～）
関連 10億（の） ▶billion

137

Bob, **take** your **gloves** with you when you **go out**.　The **newspaper** says it's going to **snow**.

ボブ，外出するときは手袋を持っていくんだよ。新聞によると，雪が降るそうだ。

take （復習） [teik]	動 〜を持っていく，連れていく， 　〜を（手に）取る，（時間などが）かかる 　過去 took　過分 taken
glove [glʌv] ❶発音	名 手袋，グローブ 　▶a pair of gloves （1組の手袋）
go out	熟 外出する，（火などが）消える
newspaper [n(j)úːzpeipər] ❶発音	名 新聞 　◆news（ニュース）＋paper（紙）。
snow [snou]	動 雪が降る　名 雪 　関連 雨（が降る）▶rain 　　形 雪の降る▶snowy

It was my **cousin's wedding** yesterday.　I **almost cried** when she and her **husband kissed**.

昨日は私のいとこの結婚式でした。彼女と夫がキスをしたとき，私は泣きそうになりました。

cousin [kʌ́zn] ❶発音	名 いとこ
wedding ❶つづり [wédiŋ]	名 結婚式
almost [ɔ́ːlmoust]	副 ほとんど 　▶almost every day （ほぼ毎日）
cry [krai]	動 泣く，叫ぶ 　3単現 　過去 cried　過分 cried ❶つづり

husband ❶つづり
[hʌ́zbənd]

名 夫
(関連) 妻 ▶ wife

kiss
[kis]

動 キスをする　名 キス

I have basic knowledge of English.　But sometimes, I have a difficult time when I read long sentences.

私は英語の基本的な知識を持っています。だけど，ときどき長い文を読むときに苦労します。

basic
[béisik]

形 基礎の，基本的な
(関連) 名 基礎，土台 ▶ base

knowledge
[nɑ́lidʒ] ❶発音

名 知識
(関連) 動 〜を知っている ▶ know

sometimes
[sʌ́mtaimz]

副 ときどき
◆ふつうは一般動詞の前（またはbe動詞・助動詞のあと）におくが，上の文のように文の初めにくることもある。
(関連) しばしば ▶ often

have a difficult time

熟 苦労する，つらい目にあう
(単語) difficult [dífikəlt] ▶形 難しい，困難な
(関連) 楽しく過ごす ▶ have a good time

sentence
[séntəns]

名 文

Level 4

Yuji visited his **grandmother** at the **nursing home**. They talked and **laughed**, and **had a great time together**.

ユウジは老人ホームに祖母を訪ねました。2人はおしゃべりし, 笑い, いっしょにすばらしい時間を過ごしまし

*□**grandmother**
　[grǽn(d)mʌ̀ðər]

图 **祖母** ☞ p.62　家族
（関連）祖父 ▶ grandfather
　　　おばあちゃん ▶ grandma

*□**nursing home**
　[nɔ́:rsiŋ houm]

图 **老人ホーム**
◆ nursing（看護）＋home（家）。
（関連）看護師 ▶ nurse

*□**laugh** ❶つづり
　[lǽf]

働 **（声を出して）笑う**
（関連）ほほえむ ▶ smile

*□**have a great time**

熟 **すばらしい時を過ごす**
（関連）楽しく過ごす ▶ have a good time

*□**together**
　[təgéðər] ❶発音

副 **いっしょに**

Mr. Adams spoke **little** Japanese, so I **had to communicate** with him in English.

アダムズさんはほとんど日本語が話せなかったので, 私は彼と英語で意思を伝え合わないといけなかっ

*□**little** ❶つづり
　[lítl]

形 **ほとんど〜ない**, **小さい**
◆ 数えられない名詞に使う。a little で「少しの」, litt
　だけでは「ほとんどない」と否定の意味になる
　比較 less — least
▶ a little child（小さい子ども）

*□**Japanese** 復習
　[dʒæpəní:z]

图 **日本語**, **日本人** ☞ p.77 国
形 **日本の**, **日本人〔語〕の**
（関連）图 日本 ▶ Japan

have to ～ (復習)

[hǽftə]

熟 ～しなければならない

◆ 過去形は had to になる。

(関連) ～しなければならない ▶ must

communicate

[kəmjúːnəkeit]

動 意思を伝え合う

▶ communicate with ～（～と意思を伝え合う）

(関連) 名 コミュニケーション ▶ communication

🎧 177 物語・歴史

Lisa **lay down** on her bed, **spread** her **arms**, and **breathed deeply**.

リサはベッドの上で横になり，腕を広げ，深く呼吸した。

lie ❶つづり

[lai]

動 横になる 名 うそ

過去 lay 過分 lain -ing形 lying ❶つづり

▶ tell a lie（うそをつく）

down

[daun]

副 下へ ▶ lie down（横になる）

前 ～を下って

(関連) 上へ ▶ up

spread

[spred] ❶発音

動 ～を広げる

過去 spread 過分 spread（原形と同じ形）

arm

[ɑːrm]

名 腕 ☞ p.24 体

breathe

[briːð] ❶発音

動 呼吸する

(関連) 名 息，呼吸 ▶ breath [breθ] ❶発音

deeply

[díːpli]

副 深く

(関連) 形 深い ▶ deep

Level 4

141

Ben **brushed** his **teeth**.　He then **combed** his **hair** and **put
on** his school **uniform**.

ベンは歯を磨きました。それから髪をとかし，学校の制服を着まし

*□ **brush**
[brʌʃ]

動 ～にブラシをかける，～を磨く　名 ブラ

□ **tooth**
[tu:θ]

名 **歯** ☞ *p.24*　顔
複数形 teeth

□ **comb**
[koum] ❶発音

動 ～をくしでとかす　名 くし

*□ **hair** ❶つづり
[heər]

名 **髪の毛** ☞ *p.24*　体
◆髪の毛全体をさすときには数えられない名詞
して扱い，複数形にしない。
▶ a girl with long hair （長い髪の少女）

*□ **put on ～**

熟 **～を身につける**
関連 ～を脱ぐ ▶ take off ～

*□ **uniform**
[júːnəfɔːrm]

名 **制服**

Beth **took a look at herself** in the **mirror**, and then **went
out of** the **bathroom**.

ベスは鏡の中の自分自身をちらっと見て，それからトイレを出まし

□ **take a look
(at ～)**

熟 **(～を)ひと目見る**
関連 ～を見る ▶ look at ～

*□ **herself**
[hərsélf]

代 **彼女自身** ☞ *p.129*　再帰代名詞
関連 彼自身 ▶ himself

□ **mirror** ❶つづり
[mírər]

名 **鏡**

go out of ～

熟 ～から出て行く

関連 ～に入る ▶ go into ～

bathroom

[bǽθru(ː)m]

名 (家の)トイレ, 浴室

関連 (駅・劇場などの) トイレ, お手洗い

▶ restroom

🎧 180　日本について

Western breakfasts are becoming popular in Japan, but I prefer rice and miso soup.

日本では西洋風の朝食がはやり始めていますが, 私はごはんとみそ汁のほうが好きです。

western

[wéstərn]

形 西の　◆大文字で始めると「西洋の」。

関連 西 ▶ west

東 ▶ east　　　　東の ▶ eastern

北 ▶ north　　　北の ▶ northern

南 ▶ south　　　南の ▶ southern

breakfast ❶つづり

[brékfəst]

名 朝食

関連 昼食 ▶ lunch

夕食 ▶ dinner, supper

popular ❶つづり

[pápjulər]

形 人気のある

比較 more ～ − most ～

prefer

[prifə́ːr]

動 ～のほうを好む

◆〈prefer A to B〉で「B より A を好む」。

▶ prefer coffee to tea

（紅茶よりコーヒーを好む）

soup

[suːp]

名 スープ

There was a **terrible car accident** on this **corner** yesterday.
But **fortunately**, **no one died**.

昨日，この角でおそろしい自動車事故がありましたが，幸いにもだれも死にませんでし

*□**terrible**
[térəbl]

形 おそろしい，ひどい

□car**
[kɑːr]

名 自動車，車
▶ by car（車で）
関連　バス ▶ bus
　　　電車 ▶ train

*□**accident**
[ǽksədənt]

名 事故，偶然の出来事

□corner**
[kɔ́ːrnər]

名 角，曲がり角
▶ Turn right at the next corner.
（次の角で右に曲がってください。）

□**fortunately**
[fɔ́ːrtʃ(ə)nətli]

副 幸運にも
関連　名 運 ▶ fortune
　　　形 幸運な ▶ fortunate

*□**no one**

熟 だれも～ない
◆ 文の主語になるときは3人称単数として扱う。
▶ No one knows her.（だれも彼女を知りません。
関連　だれも～ない ▶ nobody

□die**
[dai] ❗発音

動 死ぬ
過去 died　過分 died　-ing形 dying　❗つづり
関連　名 死 ▶ death

don't know **much** about **art**, but I think his **paintings** are
nteresting.　He **paints** in a **unique style**.

は芸術についてあまり知らないけど，彼の絵はおもしろいと思う。彼は独特なスタイルで絵をかきます。

much
[mʌtʃ]

代 **たくさん，多量**

形 **たくさんの，多量の**

比較 more － most

◆数えられない名詞に使う。否定文・疑問文で使
　われることが多い。
　▶I don't have much money.
　　（私はあまりお金を持っていません。）

◆数えられる名詞には，much ではなく many を使
　う。

関連 たくさんの～▶a lot of ～，lots of ～（数え
　　　られる名詞にも，数えられない名詞にも使
　　　える。）

art
[ɑːrt]

名 **芸術**

▶art museum（美術館）

関連 芸術家▶artist

painting
[péintiŋ]

名 **絵**

paint
[peint]

動 **（絵の具で絵）を描く，～にペンキをぬる**

名 **絵の具，ペンキ**

関連 （ペンなどを使って線で絵）を描く▶draw

unique ❶つづり
[ju(ː)níːk]

形 **独特の**

style ❶つづり
[stail]

名 **様式，～風**

Level 4

Global warming is a serious problem.　If we don't stop it
people all over the world will suffer.

地球温暖化は深刻な問題です。もし地球温暖化を止めないと，世界中の人々が苦しむでしょ♪

*□ **global warming** [glóubəl wɔ́:rmiŋ]	名 **地球温暖化** ◆global（地球の）＋warming（暖かくなること）。
□ **serious** ❶つづり [sí(ə)riəs]	形 **真剣な，重大な** 比較 more ~ ― most ~
□ **if 復習 [if]	接 **もし~ならば**
□ **stop [stap]	動 **~を止める，止まる** 過去 stopped　過分 stopped ❶つづり ▶ stop running（走るのを止める）
□ **all over	熟 **~のいたるところで，~じゅうで** ▶ all over Japan（日本じゅうで）
*□ **suffer** [sʌ́fər]	動 **苦しむ，悩む**

 🎧 184 説明・描写

When the singer appeared on the stage, the excited
audience stood up and clapped their hands.

その歌手がステージに現れると，興奮した観客は立ち上がって拍手をしまし

□ **appear** [əpíər]	動 **現れる** 関連 見えなくなる ▶ disappear
□ **stage** [steidʒ]	名 **舞台，段階**
*□ **excited** [iksáitid]	形 **興奮した，わくわくした** ◆「（人が）興奮した」はexcited，「（物事が人 　興奮させるような」はexciting。

146

audience
[ɔ́ːdiəns]

名 聴衆

stand up

熟 立ち上がる，起立する
（関連）すわる，着席する ▶ sit down

clap
[klǽp]

動 手をたたく
過去 clapped　過分 clapped

their ❶つづり
[ðeər]

代 彼らの，彼女らの，それらの
◆ there（そこに）と発音が同じ。☞ p.19　代名詞

🎧 **185** 日本について

In Japanese society, people bow in many situations.　For example, we bow when we say thank you.

本の社会では，多くの場面で人々はおじぎをします。たとえば「ありがとう」を言うときにおじぎをします。

society
[səsáiəti] ❶発音

名 社会
（関連）形 社会の ▶ social

bow
[bau] ❶発音

動 おじぎをする　名 おじぎ

situation
[sitʃuéiʃən]

名 状況，場面

for example

熟 たとえば
（単語）example [igzǽmpl] ▶名 例

Level 4

The **restaurant** was **crowded** and **noisy**. I didn't **feel comfortable** there.

そのレストランはこんでいて騒がしかった。私はそこで心地よい感じはしませんでし

‡□**restaurant** ❶つづり [réstərənt]	图 レストラン
*□**crowded** [kráudid]	形 こみ合った （関連）图 群衆 ▶ crowd
□**noisy** [nɔ́izi]	形 騒がしい （関連）图 騒音 ▶ noise 　　　　　静かな ▶ quiet
‡□**feel**（復習） [fíːl]	動 感じる 過去 felt　過分 felt ◆〈feel＋形容詞〉で「～と感じる」の意味。
*□**comfortable** [kʌ́mfərtəbl]	形 心地よい 比較 more ～ ― most ～

Astronauts go through many years of **training** before they go to **space**.

宇宙飛行士は，宇宙に行く前に何年もの訓練を受けま

*□**astronaut** ❶つづり [ǽstrənɔːt]	图 宇宙飛行士
*□**go through**	熟 ～を通り抜ける，経験する （単語）through [θruː] ▶前 ～を通り抜けて
*□**training** [tréiniŋ]	图 訓練
*□**space** [speis]	图 宇宙 ▶ space station（宇宙ステーション）

> **Although** there was some **trouble**, the **spaceship** **somehow** landed safely.

いくらかのトラブルはありましたが，その宇宙船は，何とか無事に着陸しました。

although ❶つづり
[ɔ́ːlðóu]

接 ～だけれども
◆ 少しかたい言い方。文の最初でよく使われる。
関連 ～だけれども ▶ though

trouble ❶つづり
[trʌ́bl]

名 心配，面倒，トラブル
▶ be in trouble（困っている）

spaceship
[spéisʃip]

名 宇宙船
◆ space（宇宙）＋ship（船）。

somehow
[sʌ́mhau]

副 何とかして

land
[lænd]

名 陸，土地　動 着陸する
関連 離陸する ▶ take off

safely
[séifli]

副 安全に，無事に
関連 形 安全な ▶ safe
　　名 安全 ▶ safety

Level 4

まとめてチェック 〈交通 transportation〉

airplane, plane ▶飛行機	bicycle, bike ▶自転車
boat　　▶ボート	bus　　▶バス
car　　▶自動車	railroad　　▶鉄道
ship　　▶船	subway　　▶地下鉄
taxi　　▶タクシー	train　　▶電車
truck　　▶トラック	tunnel　　▶トンネル

My **grandfather** likes to **collect** **rare** **stamps**.　He has an **impressive** **collection**.

ぼくの祖父は珍しい切手を集めるのが好きです。彼は印象深いコレクションを持っていま

*□**grandfather** [grǽn(d)fɑːðər]	名 **祖父**　☞ p.62　家族 （関連）祖母 ▶ grandmother 　　　　祖父母 ▶ grandparents 　　　　孫 ▶ grandchild
*□**collect** ❶つづり [kəlékt]	動 **～を集める**
□**rare** [reər] ❶発音	形 **珍しい，まれな**
*□**stamp** [stæmp]	名 **切手**
□**impressive** [imprésiv]	形 **印象的な** 比較 more ～ － most ～ （関連）動 ～に感銘を与える ▶ impress 　　　　名 感銘，印象 ▶ impression
□**collection** ❶つづり [kəlékʃən]	名 **集めること，コレクション** ▶ a large collection of ～ 　（～のぼう大なコレクション）

The **education** **system** in Japan is **changing**.　**Elementary** **schools** started to **teach** English from the third **grade**.

日本の教育制度は変化しています。小学校では3年生から英語を教え始めまし

□**education** [edʒukéiʃən]	名 **教育**
*□**system** ❶つづり [sístəm]	名 **制度，組織**

change (復習)
[tʃeindʒ]
動 変化する，〜を変える　名 変化

elementary school
[eləméntəri skuːl]
名 小学校
(単語) elementary ▶ 形 初歩の
(関連) 中学校 ▶ junior high school

start to 〜
熟 〜し始める
◆ to のあとには動詞の原形がくる。
(関連) 〜し始める ▶ begin 〜ing〔to 〜〕

grade
[greid]
名 学年，等級
▶ I'm in the ninth grade.
　（私は9年生〔中学3年生〕です。）

🎧 **191** スポーツ

I belong to the tennis club.　We have practice every day.
Our goal is to win the national championship.

私はテニス部に所属しています。私たちは毎日練習があります。目標は全国大会で優勝することです。

belong
[bilɔ́(ː)ŋ]
動 所属する
▶ belong to 〜（〜に所属する）

practice
[præktis]
名 練習　動 練習する

goal
[goul] ❶発音
名 ゴール，目標

national
[næʃ(ə)nəl]
形 国家の，国民の
▶ national park（国立公園）
(関連) 国際的な ▶ international
　　　名 国，国民 ▶ nation

championship
[tʃæmpiənʃip]
名 選手権

Level 4

During my **homestay**, I **had a chance to** **talk with** people
from different **ethnic groups**.

ホームステイ中，私はさまざまな民族の人々と話す機会がありまし

*□ **homestay** [hóumstei]	名 **ホームステイ** ◆ home（家庭）＋ stay（滞在）。
*□ **have a chance to 〜**	熟 **〜する機会がある** (単語) chance [tʃæns] ▶名 機会，チャンス
*□ **talk with 〜**	熟 **〜と話す，〜と相談する** (関連) 〜と話す，〜に話しかける ▶ talk to 〜 　　　 〜について話す ▶ talk about 〜
*□ **ethnic** [éθnik]	形 **民族の** ▶ ethnic costume（民族衣装）
*□ **gro̲u̲p** ❶つづり [gru:p]	名 **集団，グループ** ▶ in a group（集団になって）

 🎧 193　お知らせ・広告

The **city hall** is **planning** a **campaign** to **plant** flowers al
over the city.

市役所は，街じゅうに花を植えるキャンペーンを計画していま

*□ **city hall** [síti hɔ́:l]	名 **市役所** ◆ city（市）＋ hall（ホール，会館）。
*□ **plan** (復習) [plæn]	動 **計画する** 名 **計画** 過去 planned　過分 planned -ing形 plan̲n̲ing ❶つづり
*□ **campa̲i̲g̲n** ❶つづり [kæmpéin]	名 **キャンペーン**
*□ **plant** [plænt]	動 **〜を植える** 名 **植物** (関連) 〜を育てる ▶ grow 　　　動物 ▶ animal

I have a **headache**, and I can't **stop coughing**.
— You **seem to have a cold**.　Here, take this **medicine**.

頭痛がし，せきが止まりません。―かぜをひいているようですね。はい，この薬を飲んでください。

headache ❶つづり
[hédeik]

名 頭痛
◆ head（頭）＋ ache（ずきずきする痛み）。
▶ have a headache（頭痛がする）
(関連) 腹痛 ▶ stomachache
　　　 歯痛 ▶ toothache

stop (復習)
[stɑp]

動〈stop＋～ing〉で ～するのをやめる
過去 stopped　過分 stopped ❶つづり

cough
[kɔ(ː)f] ❶発音

動 せきをする　名 せき

seem to ～

熟 ～するように思われる，～のようだ
◆ to のあとには動詞の原形がくる。

have a cold

熟 かぜをひいている
(単語) cold [kould] ▶名 かぜ
(関連) かぜをひく ▶ catch a cold

medicine
[méd(ə)sən]

名 薬
▶ take medicine（薬を飲む）

Level 4

153

It's a little **cool outside**, but I don't think a **jacket** is **necessary**.

外は少しすずしいけど，ジャケットは必要ないと思う

*□**cool** [kuːl]	形 **すずしい** (関連) 暖かい ▶ warm
*□**outside** [autsáid]	形副 **外側の〔に〕** 前 **～の外側の〔に〕**
□**jacket** [dʒǽkit]	名 **ジャケット，上着** (関連) スーツ ▶ suit
□**necessary** [nésəsəri]　❶つづり	形 **必要な** 比較 more ～ － most ～ (関連) 動 ～を必要とする ▶ need

How do people in Japan **celebrate New Year's Day**?
— Many families visit **shrines** to **wish** for good **luck**.

日本の人々はどのように元日を祝うの？－多くの家族は幸運を祈るために神社に行きます

□**celebrate** [séləbreit]	動 **～を祝う**
*□**New Year's Day** [n(j)úː jiərz déi]	名 **元日** (関連) 大みそか ▶ New Year's Eve
*□**shrine** [ʃrain]	名 **神社，聖堂**
*□**wish** [wiʃ]	動 **～を願う** 名 **願い** ▶ wish for peace（平和を願う） ▶ make a wish（願いごとをする）
*□**luck** ❶つづり [lʌk]	名 **運** ▶ Good luck.（幸運を祈っています。） (関連) 形 幸運な ▶ lucky

Which train should I take, the A Line or B Line? — Well, it's cheaper if you take the A Line.　But the B Line is faster.

A線とB線, どちらの電車に乗るべきですか。—まぁ, A線に乗るとより安いけど, B線のほうが速いよ。

train ❶つづり [trein]	名 電車, 列車
line [lain]	名 線, 路線, 列
or 復習 [ɔːr]	接 ～または…, それとも 関連 ～と…, そして ▶ and
cheap [tʃiːp]	形 安い 関連 高価な ▶ expensive
fast [fæst]	形 速い　副 速く 関連 遅い ▶ slow　ゆっくりと ▶ slowly

For the latest information on our products, check our company homepage.

当社の製品に関する最新情報については, 当社ホームページをご覧ください。

Level 4

latest [léitist]	形 最新の（lateの最上級） 関連 遅い, 遅れて ▶ late　あとで ▶ later
product [prádəkt]	名 製品 関連 動 ～を生産する, 産出する ▶ produce
check [tʃek]	動 ～を照合する, チェックする
company [kʌ́mp(ə)ni]	名 会社, 仲間 複数形 companies
homepage [houmpéidʒ]	名 ホームページ

I don't think **war** is the **solution**. I think there are **more** **peaceful ways** than **fighting**.

私は，戦争が解決策だとは思いません。戦うことよりももっと平和な方法があると思いま

☆☆□ **war**
[wɔːr] ❶発音

图 **戦争**

□ **solution**
[səlúːʃən]

图 **解決**
（関連）動 〜を解く ▶ solve

☆☆□ **more** (復習)
[mɔːr]

副 **もっと**
◆つづりの長い一部の形容詞・副詞の前につけ
比較級をつくる。
▶ more interesting（もっとおもしろい）

□ **peaceful**
[píːsfəl]

形 **平和な**
（関連）图 平和 ▶ peace

☆☆□ **way** (復習)
[wei]

图 **方法，道**

□ **fight** ❶つづり
[fait]

動 **戦う** 图 **戦い**
過去 fought 過分 fought
▶ fight against 〜（〜と戦う）

ま　〈more, mostをつけるおもな形容詞・副詞〉
と
め　beautiful（美しい），careful（注意深い），difficult（難しい），
て　exciting（興奮させる），expensive（高価な），famous（有名な），
チ　important（大切な），interesting（おもしろい），
ェ　popular（人気のある），quickly（すばやく），slowly（ゆっくりと），
ク　useful（役に立つ），wonderful（すばらしい）

How is the **pain** in your **stomach** ?
— It's **getting better**, but it **still hurts**.

おなかの痛みはどう？－よくなってきているけど，まだ痛いよ。

pain ❶つづり
[pein]

名 痛み

stomach ❶つづり
[stʌ́mək]

名 胃，腹　☞ *p.24* 体
関連 腹痛 ▶ stomachache

get better

熟 （前よりももっと）よくなる
単語 get [get] ▶動 ～になる
関連 よくなる ▶ get well

still
[stil]

副 まだ

hurt
[hə́:rt]

動 痛む，～を傷つける
過去 hurt　過分 hurt　（原形と同じ）

Level 4

まとめてチェック 〈不規則に変化する比較級・最上級〉

- good　（よい）
- well　（うまく） 〉 better — best
- many　（多数の）
- much　（多量の） 〉 more — most
- little　（少ない）— less — least
- bad　（悪い）
- badly　（悪く） 〉 worse — worst

Lucy is my **best** friend.　She is **smart** and **kind**.　She has a
warm heart.

ルーシーは私の親友です。彼女は頭がよくて親切です。彼女は温かい心を持っていま

best
[best]

形 **最もよい**（goodの最上級）

副 **最もよく**（wellの最上級）

比較 good / well － better － best

▸ He swims（the）best of the four.
（彼は4人の中でいちばんじょうずに泳ぎます。

▸ like ～（the）best（～がいちばん好きだ）

関連 最も悪い(badの最上級) ▸ worst

smart
[smɑːrt]

形 **りこうな，頭のよい**

関連 りこうな ▸ clever

kind
[kaind]

形 **親切な，優しい**

名 **種類**

▸ What kind of sports do you like?
（どんな種類のスポーツが好きですか。）

warm
[wɔːrm] ❗発音

形 **暖かい，（心の）温かい**

関連 すずしい ▸ cool

heart
[hɑːrt] ❗発音

名 **心，心臓** ☞ p.24 体

The farmer has more than fifty cows on his farm.

その農場経営者は，農場に50頭以上の牛を飼っています。

]**farmer** [fɑ́ːrmər]	名 **農場経営者，農家**
]**more than ～**	熟 **～以上，～より多い** （関連）～より多い ▶ over
]**cow** [kau]	名 **牛** （関連）馬 ▶ horse
]**farm** [fɑːrm]	名 **農場**

I hear that more and more people in the U.S. are cooking Japanese food at home.　Is this true?

ますます多くのアメリカ人が自宅で日本料理を作っているそうですが，本当ですか。

]**I hear (that) ～.**	熟 **～だそうだ。／～と聞いている。** （単語）hear [hiər] ▶ 動 ～を聞く，～を耳にする
]**more and more**	熟 **ますます（多くの），だんだん** ◆〈比較級 and 比較級〉で「ますます～」の意味。 ▶ She is getting more and more popular in Japan. 　（日本で彼女はますます人気になっています。）
]**U.S.** [júːés]	名 （the をつけて）**アメリカ合衆国** ◆ the United States を略した形。☞ p.77 国
]**cook** [kuk]	動 **～を料理する** ▶ cook dinner（夕食を作る） 名 **料理人，コック**
]**true** ❶つづり [truː]	形 **本当の** （関連）名 真実 ▶ truth 　　　　本当の ▶ real

Level 4

159

Cherry blossoms are a **symbol** of Japan.　They have a
beautiful **pink color**.

桜の花は日本の象徴です。美しいピンクの色をしていま

*□**cherry** [tʃéri]	图 桜の木，サクランボ
*□**blossom** [blásəm]	图 花　◆木に咲く花を言う。 関連 花 ▶ flower
*□**symbol** ❶つづり [símb(ə)l]	图 象徴
□**pink** [piŋk]	图 ピンク（色）　形 ピンク（色）の ☞ p.62 色
*□**color** ❶つづり [kʌ́lər]	图 色　☞ p.62 色

The car **crashed** into a **wall** at a high **speed**.

その車は速いスピードで壁にぶつかっ

□**crash** [kræʃ]	動 衝突する
*□**wall** ❶つづり [wɔːl]	图 壁 ▶ a calendar on the wall（壁のカレンダー）
□**speed** [spiːd]	图 速度 ▶ at a speed of 40 kilometers an hour 　（時速40km で）

The **topic** of today's class is the **cause** and **effect** of **climate** change.

今日の授業の話題は，気候変動の原因と結果です。

topic
[tápik]

图 話題，トピック

cause ❶つづり
[kɔːz]

图 原因　動 ～の原因になる
▶ the cause of the accident（事故の原因）
（関連）なぜなら～だから ▶ because

effect
[ifékt]

图 結果，効果
▶ sound effects（音響効果）

climate
[kláimət]

图 気候
（関連）（一時的な）天気 ▶ weather

The **runner** **set** a new **record** in the 100-**meter** **race**.

その走者は，100メートル走で新記録を出しました。

runner ❶つづり
[rʌ́nər]

图 走る人，ランナー
（関連）動 走る ▶ run

set
[set]

動 （新記録）を出す，～を置く，据える
過去 set 過分 set（原形と同じ）

record
[rékərd]

图 記録
動 ～を記録する　◆動詞の発音は [rikɔ́ːrd]

meter
[míːtər] ❶発音

图 メートル
▶ 10 meters high（10mの高さ）
（関連）キロメートル ▶ kilometer
　　　　センチメートル ▶ centimeter

race
[reis]

图 競走

Level 4

161

Most people like tea, especially green tea.　But coffee is also popular among adults.

ほとんどの人はお茶，特に緑茶が好きです。でも，大人の間では，コーヒーも人気で

**□most
[moust]

形 **ほとんどの，たいていの**
副 **最も，いちばん**
◆つづりの長い一部の形容詞・副詞の前において
　最上級をつくる働きもする。
▶ most important（最も重要な）

□especially
[ispéʃ(ə)li] ❶発音

副 **特に**
(関連) 特別な ▶ special

*□green
[gri:n]

形 **緑色の** 名 **緑色** ☞ p.62 色
▶ green tea（緑茶）

*□among
[əmʌ́ŋ]

前 **（3つ以上の人やもの）の間に〔で〕**
(関連)（2つ）の間に ▶ between

Her gesture had a very important meaning, but nobody realized it.

彼女のジェスチャーはとても重要な意味を持っていましたが，だれもそれに気づきませんでし

*□gesture
[dʒéstʃər]

名 **身ぶり，ジェスチャー**

*□meaning
[mí:niŋ]

名 **意味**
(関連) 動 ～を意味する ▶ mean

□nobody
[nóubɑdi]

代 **だれも～ない**
◆no one よりも口語的。単数として扱う。

*□realize
[rí(:)əlaiz]

動 **～をさとる，実感する，実現させる**
(関連) 形 本当の ▶ real

We had a **barbecue** in our **yard** yesterday.　I cooked **chicken** for the first time.

昨日，庭でバーベキューをしました。私は初めてとり肉を料理しました。

barbecue
[báːrbikjuː]
名 バーベキュー

yard
[jaːrd]
名 庭
◆ おもに建物や家のまわりの庭をさす。
(関連) (草花や木が植えてある)庭園 ▶ garden

chicken
[tʃíkin]
名 とり肉，ニワトリ
(関連) 牛肉 ▶ beef　豚肉 ▶ pork

for the first time
熟 初めて

Mamoru is a friend from my **hometown**.　We went to the same **nursery school** and **kindergarten**.

マモルはぼくの故郷の友だちです。ぼくたちは同じ保育園と幼稚園に行っていました。

hometown
[hóumtáun]
名 ふるさとの町，故郷

same
[seim]
形 同じ
◆ ふつう the same の形で使う。
▶ at the same time (同時に)
(関連) 異なった ▶ different

nursery school
[nə́ːrs(ə)ri skuːl]
名 保育園

kindergarten
[kíndərgaːrtn]
名 幼稚園
(関連) 小学校 ▶ elementary school

Level 4

I got a bottle of juice and a bag of potato chips at the convenience store.

ぼくはジュース1本とポテトチップス1袋をコンビニで買いまし

*□ **bottle** [bátl]	名 びん ▶ a bottle of ~（びん1本の~） (関連) コップ，ガラス ▶ glass
*□ **juice** ❶つづり [dʒuːs]	名 ジュース ◆果汁100%のものをさす。
□ bag [bæg]	名 かばん，バッグ，袋 ▶ a bag of ~（1袋の~）
*□ **potato** [pətéitou] ❶発音	名 ジャガイモ 複数形 potatoes ▶ potato chips（ポテトチップス）
□ **convenience store** [kənvínjəns stɔːr]	名 コンビニエンスストア (単語) convenience ▶ 名 便利 (関連) 形 便利な ▶ convenient

 213 説明・描写

The waiter greeted the customer with a smile, and ther took his order.

ウェイターはお客さんに笑顔であいさつをし，それから注文をとりまし

□ **waiter** ❶つづり [wéitər]	名 ウェイター (関連) ウェイトレス ▶ waitress ◆waiter, waitress に代わる性差のない語とし server（給仕係）も使われる。
*□ **greet** [griːt]	動 ~にあいさつをする (関連) 名 あいさつ ▶ greeting
□ **customer** [kʌ́stəmər]	名 顧客，（商店などの）客 (関連) 招待客 ▶ guest

with a smile

熟 ほほえみながら
（単語）smile［smail］▶名 ほほえみ, 動 ほほえむ

take（復習）
［teik］

動 ～を取る, 受け取る, 持っていく
過去 took　過分 taken

order
［ɔ́ːrdər］

名 注文, 順序　動 注文する
▶ in order to ～（〈目的を表して〉～するために）

🎧 **214**　説明・描写

When the bank clerks were counting the money, a man with a gun suddenly appeared.

銀行員がお金を数えていたとき, 銃を持った男が突然現れた。

bank
［bæŋk］

名 銀行,（川などの）土手

clerk
［kləːrk］

名 事務員, 店員
（関連）（売り場の）店員 ▶ salesclerk

count ❶つづり
［kaunt］

動 ～を数える

gun
［gʌn］

名 銃

suddenly ❶つづり
［sʌ́dnli］

副 突然, 急に
（関連）形 突然の ▶ sudden

Level 4

During the **discussion**, Mary **shook** her **head** and said, "
disagree."

話し合いの間，メアリーは首を横に振り「私はそう思わない」と言いまし

*☐ **discussion**
[diskʌ́ʃən]

名 議論，話し合い
関連 動 議論する ▶ discuss

*☐ **shake**
[ʃeik]

動 〜を振る，震える
過去 shook 過分 shaken
◆ shake 〜's head は，首を横に振る動作をさす。
▶ shake hands with 〜（〜と握手をする）

*☐ head ❶つづり
[hed]

名 頭 ☞ p.24 体

☐ **disagree**
[dìsəgríː]

動 意見が合わない，一致しない
関連 同意する ▶ agree

Ricky is a **polite** boy, but he doesn't **follow** the **rules**.

リッキーは礼儀正しい少年ですが，規則を守りま

☐ **polite**
[pəláit]

形 礼儀正しい

☐ **follow**
[fálou]

動 〜に従う，〜について行く〔来る〕
▶ Please follow me.（私について来てください。

*☐ **rule**
[ruːl]

名 規則

Let's go inside.   It's too dark to play catch.

中に入ろう。キャッチボールをするには暗すぎる。

inside
[insáid]

形副 **内側の〔に〕**
前 **〜の中〔内側〕に**
(関連) 外側(の〔に〕) ▶ outside

too 〜 to …

熟 **…するには〜すぎる**
(単語) too [tu:] ▶副 あまりに〜すぎる，〜もまた
◆ too 〜 to … は，so 〜 that − can't … で同じ内容
　を表すこともできる。上の2つ目の文は，
　It's so dark that we can't play catch.
　(あまりに暗いのでキャッチボールができない。)
　でも同じ内容を表せる。

dark
[dɑːrk]

形 **暗い**
(関連) 明るい ▶ light

play catch

熟 **キャッチボールをする**
(単語) catch [kætʃ] ▶名 キャッチボール
　　　　　　　　　　　動 〜をつかまえる

Level 4

I was so nervous that I couldn't express my thoughts well.

私はあまりにも緊張していたので，自分の考えをうまく表現することができなかっ

*□ **so 〜 that −** 　**can't …**	熟 **とても〜なので−は…できない** 関連 〜すぎて（−は）…できない 　　　▶ too 〜 （for −）to … ◆上の文は，I was too nervous to express my 　thoughts well. と表すこともできる。
*□ **nervous** 　[nə́ːrvəs] ❶発音	形 **神経質な，緊張している** ▶ get nervous （緊張する，あがる）
*□ **express** 　[iksprés]	動 **〜を表現する** 形 **急行の** 関連 名 表現 ▶ expression
□ **thought** ❶つづり 　[θɔːt]	名 **思考，考え** 関連 動 考える，〜と思う 　　　▶ think 過去 thought 過分 thought

These days, our schedules are so busy that we can't spend much time together.

近ごろ，私たちのスケジュールはあまりにも忙しくて，あまりいっしょに時間を過ごせていませ

*□ **these days**	熟 **このごろ，近ごろ**　◆おもに現在の文で使われ 関連 最近 ▶ recently （おもに過去の文・現在 　　　了の文で使う）
*□ **schedule** ❶つづり 　[skédʒuːl]	名 **予定（表）**
*□ **busy** ❶つづり 　[bízi]	形 **忙しい** 比較 busier − busiest ❶つづり
*□ **spend** 　[spend]	動 **（時間）を過ごす，（金）を使う** 過去 spent 過分 spent

This TV **drama** is about **friendship**, **happiness**, and the **real** meaning of life.   It's **worth** watching.

このテレビドラマは友情，幸福，そして人生の本当の意味についてのものです。見る価値があります。

drama [drɑ́:mə]	名 **劇，ドラマ**
friendship [fréndʃip]	名 **友情** （関連） 友人 ▶ friend
happiness [hǽpinis]	名 **幸福** （関連） 形 幸福な ▶ happy 　　　　副 幸福に ▶ happily
real [ríː(ə)l]	形 **本当の** （関連） 副 本当に ▶ really
worth [wəːrθ] ❶発音	形 **〜の価値がある** ▶ be worth 〜ing （〜する価値がある）

This isn't a **normal** **knife**.   It's a special one for **cutting** **bread**.

Level 4

これはふつうのナイフではありません。これはパンを切るための特別なものです。

normal [nɔ́ːrməl]	形 **正常な，ふつうの**
knife ❶つづり [naif]	名 **ナイフ** 複数形 knives
cut [kʌt]	動 **〜を切る** 過去 cut　過分 cut（原形と同じ）　-ing形 cutting （関連） 〜を切り倒す ▶ cut down 〜
bread ❶つづり [bred]	名 **パン** （関連） ごはん，米 ▶ rice

Dr. Thomas's wife is a nurse. She takes care of patients
with serious diseases.

トーマス医師の妻は看護師です。彼女は重病の患者さんの世話をしています。

*☐ **Dr.** [dɑ́ktər]	名 〜医師，〜博士 ◆Doctorの略で，姓または〈名＋姓〉につける敬称。
*☐ **wife** [waif]	名 妻 (関連) 夫 ▶husband
*☐ **nurse** [nə́ːrs] ❶発音	名 看護師 (関連) 医師 ▶doctor
⁑☐ **take care of 〜** (復習)	熟 〜の世話をする
☐ **patient** [péiʃənt] ❶発音	名 患者 形 がまん強い
☐ **disease** [dizíːz] ❶発音	名 病気 ▶heart disease（心臓病） (関連) 病気の ▶sick, ill

∩ 223 外国・異文化

New York has many sightseeing spots such as the Statue
of Liberty, Trinity Church, and so on.

ニューヨークには，自由の女神像やトリニティ教会などのようなたくさんの観光スポットがあります。

☐ **spot** [spɑt]	名 地点，はん点 (関連) 場所 ▶place
*☐ **such as 〜**	熟 〜のような (単語) such [sʌtʃ] ▶形 そのような
*☐ **statue** [stǽtʃuː]	名 像 ▶the Statue of Liberty（自由の女神像）

liberty [líbərti]	名 **自由** (関連) 自由 ▶ freedom 　　　　自由な，ひまな ▶ free
church [tʃəːrtʃ] ❶発音	名 **教会** (関連) 寺院 ▶ temple 　　　　神社 ▶ shrine
and so on	熟 **〜など** ◆ふつう文末におく。

🎧 **224** 日常会話

Thanks to your advice, I was able to pass the test.　Thank you. — Not at all.　I'm glad I could help.

あなたの助言のおかげで試験に合格できたよ。ありがとう。—どういたしまして。力になれてうれしいわ。

thanks to 〜	熟 **〜のおかげで** (関連) 〜が原因で，〜のせいで ▶ because of 〜
advice (復習) [ədváis]	名 **アドバイス，助言** ▶ a piece of advice（1つのアドバイス） (関連) 動 〜に助言する ▶ advise
be able to 〜	熟 **〜することができる** (関連) 〜することができる ▶ can
pass [pæs]	動 **〜に合格する，〜を手渡す，(時が)たつ** ▶ pass him the salt（彼に塩をまわす）
Not at all.	熟 **どういたしまして。** ◆Thank you. などとお礼を言われたときの応答の ひとつ。 (関連) どういたしまして。 ▶ You're welcome.
glad [glæd]	形 **うれしい** ▶ be glad to 〜（〜してうれしい） (関連) 悲しい ▶ sad

Level 4

Perhaps someday, a person will be able to live on another planet besides the earth.

たぶん，いつか，人は地球とはほかに，別の惑星で生活することができるだろ

□**perhaps**
[pərhǽps] ❶発音

副 **もしかしたら，たぶん**
◆ ふつう，確実性がそれほど高くない（50%以T
ときに使われる。maybe よりもかたい言い方。
関連 もしかしたら，たぶん ▶ maybe
たぶん ▶ probably（確実性が高いときに使

*□**someday**
[sʌ́mdei]

副 **いつか**
◆ some day ともつづる。

*□**person**
[pə́ːrsn]

名 **人**
関連 人々 ▶ people

*□**planet**
[plǽnit]

名 **惑星**
関連 星 ▶ star

□**besides**
[bisáidz]

前 **〜に加えて**
関連 〜のそばに ▶ beside

When I looked down at the ground from the top of the tower, my knees shook.

塔のてっぺんから地面を見下ろしたとき，私のひざはがくがくした

*□**look down**

熟 **見下ろす**
▶ look down at 〜 （〜を見下ろす）
関連 見上げる ▶ look up

*□**ground** ❶つづり
[graund]

名 **地面，グラウンド**
▶ under the ground （地下に）
関連 地下の ▶ underground

top
[tɑp]

名 頂上
▶ at the top of the hill （丘の頂上で）
(関連) 底，下部 ▶ bottom

tower ❶つづり
[táuər]

名 塔

knee
[niː] ❶発音

名 ひざ ☞ p.24 体
(関連) ひじ ▶ elbow

shake (復習)
[ʃeik]

動 震える，～を振る
過去 shook 過分 shaken

🎧 227 物語・歴史

The **gentleman** **put** a **ring** on the **lady's** **finger** and said,
"Will you **marry** me?"

その紳士は，女性の指に指輪をはめ「結婚してくれますか」と言った。

gentleman
[dʒéntlmən]

名 紳士，男の人 ◆man よりていねいな語。
(複数形) gentlemen
(関連) 女の人 ▶ lady, woman

put (復習)
[put]

動 ～を置く，～を付ける
過去 put 過分 put（原形と同じ）
-ing形 putting ❶つづり

ring (復習)
[riŋ]

名 指輪，輪
動 鳴る，～を鳴らす
過去 rang 過分 rung

lady
[léidi] ❶発音

名 女の人 ◆woman よりていねいな語。
(複数形) ladies

finger
[fíŋɡər]

名 （手の）指 ☞ p.24 体
(関連) 親指 ▶ thumb

marry ❶つづり
[mǽri]

動 ～と結婚する
▶ get married （結婚する）

Level 4

As **citizens** of this world, we have a **responsibility** to **preserve** nature.

この世界の市民として，私たちには自然を保護する責任がありま

☐ **citizen** [sítəzn]	名 **市民** (関連) 市 ▶ city
*☐ **responsibility** [rispɑnsəbíləti]	名 **責任** 複数形 responsibilities
*☐ **preserve** [prizə́:rv]	動 **〜を保存する，保つ** (関連) 〜を保護する，守る ▶ protect

The little **girl asked** Santa Claus to bring her a **pretty doll** for **Christmas**.

その幼い少女は，クリスマスにかわいい人形を持ってきてくれるようにサンタクロースに頼みまし

***☐ **girl** ❶つづり [gə:rl]	名 **女の子** (関連) 女の人 ▶ woman, lady
***☐ **ask** [æsk]	動 **〜をたずねる，** 〈ask＋人＋to 〜〉で人に〜するように頼む
*☐ **Santa Claus** [sǽntə klɔ:z]	名 **サンタクロース**
***☐ **pretty** ❶つづり [príti]	形 **かわいらしい** 比較 prettier — prettiest
***☐ **doll** [dɑl]	名 **人形**
***☐ **Christmas** ❶つづり [krísməs]	名 **クリスマス**

The **ice** is **melting** at the North and South **Poles**.
Researchers say that the sea **level** is getting higher.

北極と南極で氷が溶けています。研究者たちは海面が上昇していると言っています。

ice
[ais]

图 氷
▶ ice cream（アイスクリーム）

melt
[melt]

働 とける

pole
[poul]

图 極，棒，さお
▶ the North Pole（北極）

researcher
[rɪsə́ːrtʃər]

图 研究者
（関連）研究 ▶ research

level
[lévəl]

图 水準，程度
▶ sea level（海面の高さ）

To **avoid** the **greenhouse** effect, we need to reduce the
amount of **carbon** in the **atmosphere**.

温室効果を避けるために，私たちは大気中の炭素の量を減らす必要があります。

avoid
[əvɔ́id]

働 ～をさける

greenhouse
[gríːnhaus]

图 温室
▶ greenhouse effect（温室効果）
▶ greenhouse gas（温室効果ガス）

amount
[əmáunt]

图 量，額
▶ a large amount of money（多額の金）

carbon
[káːrbən]

图 炭素
▶ carbon dioxide（二酸化炭素）

atmosphere
[ǽtməsfiər]

图 大気，雰囲気

Level 4

∩ 232 説明・描写

If you use **digital devices** like **smartphones** and **tablets** you can **access** any **website anytime** and anywhere.

スマートフォンやタブレットのようなデジタル機器を使え
どんなウェブサイトにも，いつでもどこでもアクセスできま

□**digital** [dídʒitl]	形 デジタルの
□**device** [diváis]	名 装置
*□**smartphone** [smáːrtfoun]	名 スマートフォン 関連 携帯電話 ▶ cellphone, mobile phone
□**tablet** [tæblit]	名 タブレット（型コンピューター），錠剤 ▶ take a tablet（〈錠剤を〉1錠飲む）
□**access** [ækses]	動 〜にアクセスする　名 アクセス，接近
□**website** [wébsait]	名 ウェブサイト 関連 ウェブ ▶ web
□**anytime** [énitaim]	副 いつでも ▶ Call me anytime.（いつでも電話してね。）

∩ 233 環境・科学

There are many **varieties** of **marine creatures** in **coral reefs**. Some of them are **endangered species**.

サンゴ礁には多様な海の生き物がいます。そのうちのいくつかは絶滅危惧種で

□**variety** [vəráiəti]	名 多様性，種類 ▶ a variety of 〜（さまざまな〜）
□**marine** [məríːn]	形 海の ▶ marine sports（海のスポーツ，マリンスポーツ
□**creature** ❶ 発音 [kríːtʃər]	名 生き物

coral
[kɔ́ːrəl]

名 サンゴ

reef
[riːf]

名 暗礁 <ruby>暗礁<rt>あんしょう</rt></ruby>
▶ a coral reef（サンゴ礁）

endangered
[indéindʒərd]

形 絶滅の危機にある
(関連) 危険 ▶ danger

species
[spíːʃiːz]

名 （生物の）種 <ruby>種<rt>しゅ</rt></ruby>
複数形 species ◆単数形と複数形が同じ形。

Burying plastic waste isn't completely safe.　Some chemical substances run the risk of affecting the ecosystem.

> プラスチックごみを埋めることは，完全に安全というわけではありません。
> いくつかの化学物質には，生態系に影響を与えるリスクがあります。

bury❶発音
[béri]

動 〜を埋める
3単現 buries　過去 buried　過分 buried❶つづり

plastic
[plǽstik]

形 プラスチックの
▶ a plastic bag（ビニール袋）

completely
[kəmplíːtli]

副 完全に
(関連) 形 完全な ▶ complete

safe
[seif]

形 安全な
(関連) 名 安全 ▶ safety

chemical
[kémikəl]

形 化学の

substance
[sʌ́bstəns]

名 物質

risk
[risk]

名 危険，リスク
◆ run the risk of 〜で「〜の危険をおかす」の意味。

affect
[əfékt]

動 〜に影響する

ecosystem
[íːkousistəm]

名 生態系

Level 4

177

We **depend** too much **on fossil fuels** like **oil** and **natural gas.**　We should use **renewable energy** like **solar power.**

私たちは石油や天然ガスのような化石燃料に依存し過ぎていま
太陽光のような再生可能エネルギーを使うべきで

☐ **depend on ～**	熟 ～に頼る，～に依存する
	（単語）depend［dipénd］　▶動 頼る，依存する
☐ **fossil** [fásəl]	名 化石
☐ **fuel** [fjúːəl]	名 燃料
☐ **oil** [ɔil]	名 油，石油
☐ **natural [nǽtʃ(ə)rəl]	形 自然の
	（関連）名 自然 ▶ nature
☐ **gas** [gæs]	名 ガス，気体，ガソリン
	▶ a gas station（ガソリンスタンド）
☐ **renewable** [rinjúːəbl]	形 再生可能な
*☐ **energy** [énərdʒi] ❶発音	名 エネルギー
	▶ save energy（エネルギーを節約する）
☐ **solar** [sóulər]	形 太陽の
*☐ **power** [páuər]	名 力
	▶ electric power（電力）

There are some **similar points between** this **design** and **traditional** Japanese kimono **patterns.**

このデザインと伝統的な日本の着物の模様にはいくつかの類似点がありま

similar
[símələr]

形 同じような，似ている
▶ similar to ～（～に似ている）

point
[pɔint]

名 点

between
[bitwíːn] ❗発音

前（2つ）の間に〔の〕
▶ between A and B（AとBの間に）

design
[dizáin]

名 デザイン　動 ～を設計する

traditional
[trədíʃənəl]

形 伝統的な
（関連）名 伝統 ▶ tradition

pattern ❗発音
[pǽtərn]

名 もよう，パターン

Seeing this **fireworks competition reminds** me of my
childhood.　Now, it **attracts** many visitors from **overseas.**

この花火コンクールを見ると，私は子ども時代を思い出します。
今やそれは海外から多くの訪問客を引きつけています。

firework
[fáiərwɔːrk]

名 花火
◆ ふつう fireworks と複数形で使う。

competition
[kɑmpətíʃən]

名 競争，コンクール

remind
[rimáind]

動 ～に思い出させる
▶ remind A of B（A に B を思い出させる）

childhood
[tʃáildhud]

名 子ども時代
（関連）子ども ▶ child

attract
[ətrǽkt]

動 ～を引きつける
（関連）形 魅力的な ▶ attractive

overseas
[ouvərsíːz]

副 海外へ　形 海外の

Level 4

∩ 238 紹介

She was playing the **role** of an **attractive** girl.　At first,
couldn't **recognize** her.

彼女は魅力的な少女の役を演じていました。最初，私は彼女だとわかりませんでし

□ **role**
[roul]

名 **役割**
▶ play a role（**役割を演じる**）

□ **attractive**
[ətrǽktiv]

形 **魅力的な**
関連 動 ～を引きつける▶ attract

□ **recognize**
[rékəgnaiz]

動 **～だと気づく，～を認識する**

∩ 239 ニュース

This **survey** shows that more than 30 **percent** of **souvenir**
shops don't **accept cash anymore**.

この調査は，みやげ物店の30パーセント超がもはや現金を受け付けていないことを示していま

□ **survey**
[sə́:rvei]

名 **調査**

*□ **percent**
[pərsént]

名 **パーセント**

□ **souvenir** ❶発音
[su:vəníər]

名 **みやげ，記念品**
◆自分のために持ち帰る記念品を表すことが多い

□ shop
[ʃɑp]

名 **店**
関連 買い物▶ shopping

□ **accept**
[əksépt]

動 **～を受け入れる**

□ **cash**
[kæʃ]

名 **現金**

□ **anymore**
[enimɔ́:r]

副 （否定文で）（今は）**もう**
▶ I can't run anymore.（私はもう走れません。）

Level 5

レベル5

Milk helps to make your bones strong and healthy.

牛乳は骨を強くそして健康にすることを手助けしてくれま

*□**milk** [milk]	名 **牛乳**
□make** 復習 [meik]	動 **作る**,〈make＋A＋B〉で **A を B（の状態）にす** 過去 made　過分 made
□**bone** [boun]	名 **骨** ☞ p.24 **体** 関連 筋肉 ▶ muscle
□strong** [strɔ(ː)ŋ]	形 **強い** ▶ a strong wind（強い風） 関連 弱い ▶ weak
*□**healthy** ❶つづり [hélθi]	形 **健康な** 比較 more ～ － most ～ 関連 名 健康 ▶ health

241 自分について

Music has strange powers.　When I feel sad, music makes
me happier.

音楽は不思議な力を持っています。悲しい気分のとき，音楽は私をより幸せにしてくれま

□music** [mjúːzik]	名 **音楽** ▶ listen to music（**音楽を聞く**） 関連 楽器 ▶ a musical instrument
*□**strange** [streindʒ] ❶発音	形 **奇妙な，不思議な** 関連 名 見知らぬ人 ▶ stranger
*□**power** 復習 [páuər]	名 **力** ▶ electric power（電力） 関連 形 力強い ▶ powerful
□sad** [sæd]	形 **悲しい** 比較 sadder － saddest

▶feel sad（悲しい感じがする）

関連 うれしい▶happy, glad

Cindy, please open the door. ― No, go away! I don't want to talk to anyone. Leave me alone.

シンディー，お願いだからドアを開けて。―いや，どこか行って！ だれとも話したくないの。1人にして。

go away	熟 立ち去る
	単語 away [əwéi] ▶副 あちらへ，はなれて
anyone	代 （疑問文で）だれか，
[éniwʌn]	（否定文で）だれも，
	（肯定文で）だれでも
	◆単数扱いをする。
	▶Is anyone here?（〈ここに〉だれかいますか。）
leave 復習	動 〈leave＋A＋B〉で
[liːv]	AをBのままにしておく
	過去 left 過分 left
	▶leave the door open
	（ドアを開けたままにしておく）
alone	形副 1人で
[əlóun] ❗発音	▶live alone（1人で住んでいる）

文法ガイド 〈SVOCの文型〉

SVOCの文とは，目的語のあとに，目的語を説明する語が続く文を言います。この文型をつくる動詞には次のような語があります。

make A B（AをBにする）　　　leave A B（AをBのままにしておく）
find A B（AがBだとわかる）　keep A B（AをBの状態にしておく）
call A B（AをBと呼ぶ）　　　name A B（AをBと名づける）

The **police** have an important **job**.　They fight **against crime** and **keep** the **community safe**.

説明・描写

警察には大切な仕事があります。彼らは犯罪と戦い，地域社会を安全に保ちま

□**police**
[pəlíːs] ❶発音

图 **警察** ◆ふつうtheをつけて複数扱い。
▶ police station（警察署）
▶ police officer（警察官）

*□**job**
[dʒɑb]

图 **仕事**
▶ You did a good job.（よくやった。）
(関連) 働く，仕事 ▶ work

*□**against** ❶つづり
[əgénst]

前 **〜に対抗して，〜に反対で**
▶ I'm against the plan.
（私はその計画に反対です。）
(関連) 〜に賛成で ▶ for

□**crime**
[kraim]

图 **犯罪**

□keep
[kiːp]

動 **〜を保持する，〜し続ける，**
〈keep＋A＋B〉で
AをB（の状態）にしておく
過去 kept 過分 kept

*□**community**
[kəmjúːnəti]

图 **地域社会，コミュニティー**
複数形 communities

*□**safe** (復習)
[seif]

形 **安全な**
(関連) 图 安全 ▶ safety
　　　 副 安全に ▶ safely
　　　 危険な ▶ dangerous

Those boxes look heavy.　I'll help you carry them.
― Oh, thanks, Greg.　That's kind of you.

それらの箱は重そうだね。運ぶのを手伝ってあげるよ。―あ，ありがとう，グレッグ。優しいのね。

those
[ðouz]

形 **あれらの**　代 **あれら**　◆that の複数形。
(関連) これら（の）▶these

box
[bɑks]

名 **箱**
複数形 boxes

look (復習)
[luk]

動 **見る，～に見える**
◆〈look＋形容詞〉で「～に見える」。

heavy ❶つづり
[hévi]

形 **重い，激しい**
比較 heavier － heaviest
(関連) 軽い ▶light

help (復習)
[help]

動 **～を助ける，手伝う**
〈help＋人＋動詞の原形〉で
人が～するのを手伝う

carry
[kǽri]

動 **～を運ぶ，持ち歩く**
3単現 carries　過去 carried　過分 carried

That's kind of you.

熟 **ご親切にありがとう。**
(単語) kind [kaind] ▶形 親切な
◆It's kind of you. とも言う。

文法ガイド

〈原形不定詞〉

　　help, let, make は，〈help〔let, make〕＋人＋別の動詞の原形〉の形をとることがあります。

・help　〈help＋人＋動詞の原形〉で「人が～するのを手伝う」
　　　　　（〈help＋人＋to＋動詞の原形〉で表す場合もあります）

・let　〈let＋人＋動詞の原形〉で「人に～させる」
　　　　…「希望通りに～させる，～するのを許す」という意味合い

・make　〈make＋人＋動詞の原形〉で「人に～させる」
　　　　…「無理やり，強制的に～させる」という意味合い

Level 5

245 電話

Hi, Pat.　Are you busy next weekend?
— **Hold on.**　**Let** me check my **calendar**.

やあ，パット。来週の週末は忙しい？－ちょっと待って。カレンダーをチェックさせ

□**Hold on(, please).**	熟 （電話で）（切らずに）お待ちください。
	単語 hold [hould] ▶動 ～を手に持つ
	関連 電話を切る ▶ hang up
⋮□**let**	動 〈let＋人＋動詞の原形〉で人に～させる
[let]	過去 let 過分 let（原形と同じ）
	▶ Let me try again.（もう一度やらせてください。
*□**calendar** ❶つづり	名 カレンダー
[kǽləndər]	

246　物語・歴史

The **thief** saw a police **officer** and **hid behind** a car.

どろぼうは警察官を見て，車の後ろに隠れ

□**thief**	名 どろぼう
[θi:f]	複数形 thieves
*□**officer** ❶つづり	名 役人，公務員
[ɔ́(:)fisər]	▶ police officer （警察官）
	関連 事務所 ▶ office
□**hide**	動 ～を隠す，隠れる
[haid]	過去 hid 過分 hidden / hid
*□**behind**	前 ～の後ろに
[biháind]	関連 ～の前に ▶ in front of ～

I've lived in Tokyo for over five years, but I've **never been** to Tokyo Tower.

私は5年以上東京に住んでいます。でも一度も東京タワーに行ったことがありません。

never
[névər]

🔢 **決して～ない，一度も～ない**
◆ 現在完了形の文では，〈have〔has〕never＋過去分詞〉の形で使われる。

been
[bi(:)n]

🔢 **be の過去分詞**
◆ have〔has〕been の形で，現在完了形をつくる。
▶ have been to ～（**～へ行ったことがある**）

〈現在完了形〉

　　現在完了形は，〈have＋過去分詞〉の形で，次の3つの意味を表します。
　　①「（ずっと）～している」（継続）
　　　I have lived in Tokyo for five years.
　　　（私は5年前から東京に住んでいます。）
　　②「～したことがある」（経験）
　　　I have seen his pictures many times.
　　　（私は彼の絵を何度も見たことがあります。）
　　③「～したところだ，～してしまった」（完了）
　　　I have just finished the work.
　　　（私はちょうどその仕事を終えたところです。）

文法ガイド

〈主語＋have〉の短縮形

　　現在完了形をつくる have は助動詞で，よく短縮される。
　　I have　　→　I've
　　you have　→　you've
　　we have　　→　we've
　　they have　→　they've

まとめてチェック

Level 5

Have you **ever read** any books by Agatha Christie?
— Yes.　I've **read a couple of** her **mystery novels**.

今までにアガサ・クリスティの本は何か読んだことある？ーうん。彼女の推理小説を2，3冊読んだことがある

‡□**ever** [évər]	副 今までに ◆経験を表す現在完了形の疑問文でよく使われる （関連）一度も〜ない ▶never
‡□**read** （復習） [riːd]	動 〜を読む 過去 read[red]　過分 read[red] ❗発音 ◆原形とつづりが同じで，発音が変化する。
□**a couple of 〜**	熟 2，3の〜，2つの〜，数個の〜 （単語）couple [kʌ́pl] ▶名 2つ，1対 （関連）2，3の〜，少しの〜 ▶a few
□**mystery** ❗つづり [míst(ə)ri]	名 ミステリー，不思議 複数形 mysteries （関連）形 不思議な ▶mysterious
□**novel** [nάv(ə)l]	名 小説

🎧 249　物語・歴史

Though it has been 10 years, I **clearly** remember that day.
It still lives in my **memory**.

もう10年たつけれど，その日のことをはっきりと覚えています。まだ記憶に残っていま

□**though** ❗つづり [ðou]	接 〜だけれども （関連）〜だけれども ▶although
*□**clearly** [klíərli]	副 はっきりと 比較 more 〜 — most 〜 （関連）形 はっきりとした ▶clear
*□**memory** [méməri]	名 記憶，思い出 複数形 memories

Dear Mom,

A month has passed since I came to Spain.

お母さんへ，スペインに来てから1か月がたちました。

dear [díər]	形 **（手紙で）〜様**
month [mʌ́nθ]	名 **（暦の上の）月** （関連）年 ▶ year　週 ▶ week
since [síns]	前 **〜以来** 接 **〜（して）以来，〜なので** ▶ since then（そのとき以来） （関連）〜の間 ▶ for
Spain [spéin]	名 **スペイン** ☞ p.77 国 （関連）名 スペイン人〔語〕,形 スペインの ▶ Spanish

"I've finished!　Finally, I can go home," the tired worker said happily.

「終わった！　やっと家に帰れる」とその疲れた労働者はうれしそうに言った。

finally ❶つづり [fáinəli]	副 **ついに** （関連）ついに ▶ at last
go home	熟 **帰宅する** （関連）帰宅する，家に帰ってくる ▶ come home 　　　　帰宅する，家に着く ▶ get home
worker [wə́ːrkər]	名 **働く人，労働者** （関連）動 働く ▶ work
happily [hǽpili]	副 **幸福に** （関連）形 幸せな ▶ happy 　　　　名 幸福 ▶ happiness

Level 5

I sent Fred an e-mail, but I haven't **received** a **reply** yet.
— That's strange.　**Maybe** he didn't **notice** it.

フレッドにメールを送ったけど，まだ返事を受け取ってないんだ。―それは変ね。気づかなかったのかも

*□ **receive** ❶つづり [risíːv]	動 **〜を受け取る** ▶ receive a letter（手紙を受け取る） (関連) 〜を送る ▶ send
□ **reply** [riplái]	名 **返事**　動 **返事をする**
*□ **maybe** [méibi]	副 **もしかしたら，たぶん** ◆ perhaps と同じように，確実性がそれほど高く い（50%以下）ときに使われる。
*□ **notice** [nóutis]	動 **〜に気づく**　名 **通知**

Even my **grandparents** can **search** the web.　I'll teach you
how to use this phone.

ぼくの祖父母でさえもウェブを検索できるよ。この電話の使い方を教えてあげる

*□ **even** [íːvən]	副 **〜でさえ**
*□ **grandparents** [grǽn(d)pe(ə)rənts]	名 **祖父母** ☞ p.62　家族 (関連) 孫 ▶ grandchild
*□ **search** [sə́ːrtʃ]	動 **〜を検索する**
□ **web** [web]	名 **ウェブ（インターネットの情報網），くもの巣** ▶ on the web（ウェブ〔インターネット〕上で）
□ **how to 〜	熟 **〜のしかた** (関連) 〜する方法 ▶ the way to 〜 　　　　何を〜したらよいか ▶ what to 〜

It's not good **manners** to talk in a **loud** voice when you are **riding** on trains.

電車に乗っているときに大声で話すのはよいマナーではありません。

it 復習

[it]

代 〈It is … to ～.〉で

　　～するのは…だ。

◆toのあとには動詞の原形がくる。

manner

[mǽnər]

名 （複数形で）**行儀, マナー**

▶ bad manners（不作法）

loud

[laud] ❗発音

形 （声・音が）**大きい**

ride

[raid]

動 **（～に）乗る**

過去 rode　過分 ridden ❗つづり

▶ ride a bike（自転車に乗る）

文法ガイド

〈It is …（for －）to ～.〉の文

・Itはto ～以下をさす形式上の主語で, 本当の主語は不定詞to ～
　（～すること）の部分になります。

　　It is fun to play soccer. （サッカーをすることは楽しい。）

　　　It = to play soccer

・「－にとって」のように, to ～以下の動作をする人がだれなの
　かを表すときは, to ～の前にfor －を入れます。

　　It is fun for them to play soccer.

　　（彼らにとってサッカーをすることは楽しい。）

Level 5

Even if we leave now, it's impossible to arrive there in time.　It takes at least an hour.

たとえ今出発したとしても，そこに間に合うように到着するのは不可能だよ。少なくとも1時間はかかるん

□ **even if 〜**	熟 **たとえ〜だとしても**
	◆ 1つの接続詞と同じような働きをし，even if の節は文の前半にも後半にもくることがある。even if のあとの動詞は，未来のことであっても現在形にする。
	単語 even［íːvən］▶ 副 〜でさえ
□ **impossible** ❶つづり ［impásəbl］	形 **不可能な**
	関連 可能な ▶ possible
□ **in time(for 〜)**	熟 **(〜に)間に合って**
	関連 時間通りに ▶ on time
	〜に遅れる ▶ be late for 〜
□ **at least**	熟 **少なくとも**
	単語 least［líːst］▶ 形 最も少ない，名 最小(little の最上級)

A lot of rocks were used to build this castle.

この城を建てるのにたくさんの岩が使われまし

*□ **rock** ［rɑk］	名 **岩**
	関連 石 ▶ stone
*□ **build** ❶つづり ［bild］	動 **〜を建てる**
	過去 built　過分 built
	関連 名 建物 ▶ building
*□ **castle** ❶つづり ［kǽsl］	名 **城**

The **artist** is **widely known**.　He is popular **everywhere** in the world.

その芸術家は幅広く知られています。彼は世界中どこでも人気があります。

artist [áːrtist]	名 芸術家 (関連) 芸術 ▶ art
widely [wáidli]	副 広く (関連) 形 (幅が) 広い ▶ wide (幅が) せまい ▶ narrow
know (復習) [nou]	動 ～を知っている 過去 knew [njuː]　過分 known [noun]
everywhere [évrihweər]	副 どこでも (関連) どこかに ▶ somewhere, anywhere

〈受け身の文〉

　　〈be 動詞＋過去分詞〉で「～される」という受け身の意味を表します。

▶ This castle was built 400 years ago.

　（この城は400年前に建てられました。）

　「…によって～される〔された〕」のように，その動作をする〔した〕人を表すときは，あとに〈by＋動作主〉をつけます。

▶ This book was written by my aunt.

　（この本は私のおばによって書かれました。）

Level 5

193

The **daughter** of a **king** or **queen** is **called** a **princess**.

王あるいは女王の娘は王女といい

daughter ❶つづり [dɔ́:tər]	名 **娘** （関連）息子 ▶ son
king [kiŋ]	名 **王**
queen [kwi:n]	名 **女王**
call （復習） [kɔ:l]	動 〈call＋A＋B〉で**A を B と呼ぶ** ▶ I call him Ken. （私は彼をケンと呼びます。）
princess [prínsəs]	名 **王女** （関連）王子 ▶ prince

"Many books are **stolen** every year," the **owner** of the
bookshop complained.

「毎年たくさんの本が盗まれています」と，その書店の店主は不平を言いまし

steal [sti:l]	動 **～を盗む** 過去 stole 過分 stolen
owner [óunər]	名 **持ち主** （関連）動 ～を所有する ▶ own
bookshop [búkʃɑp]	名 **書店** （関連）書店 ▶ bookstore
complain [kəmpléin] ❶発音	動 **不平を言う** ▶ complain of〔about〕～ （～の不平を言う）

A part of the apartment building was damaged by the fire.

アパートの一部はその火事で損害を受けました。

(a) part of 〜	熟 **〜の一部** （単語）part [pɑːrt] ▶名 部分，一部
apartment [əpɑ́ːrtmənt]	名 **アパート**
building ❶つづり [bíldiŋ]	名 **建物，ビル** ▶a tall building（高い建物） （関連）動 〜を建てる ▶build
damage [dǽmidʒ] ❶発音	動 **〜に損害を与える** 名 **損害**
by （復習） [bai]	前 （受け身の文などで）**〜によって** ▶made by her（彼女によって作られた）
fire [fáiər]	名 **火，火事** ▶fire station（消防署）

I was shocked when I got the results of the exam.   I was expecting a better score.

ぼくは試験の結果を受け取ったときにショックを受けました。ぼくはもっとよい点数を期待していました。

shock [ʃɑk]	動 **〜にショックを与える** 名 **衝撃，ショック**
result [rizΛ́lt] ❶発音	名 **結果，（複数形で）成績**
expect [ikspékt]	動 **〜を期待する**
score [skɔːr]	名 **得点，点数** 動 **得点する**

Level 5

His eyes **were filled with tears** when he won the **match**.

試合に勝ったとき，彼の目は涙でいっぱいだっ

□ **be filled with ～**

熟 ～でいっぱいである
(単語) fill [fil] ▶ 動 ～を満たす
(関連) ～でいっぱいである ▶ be full of ～

*□ **tear** ❶つづり
[tiər]

名 (ふつう複数形で) 涙

□ **match**
[mætʃ]

名 **試合**
▶ tennis match（テニスの試合）
(関連)（野球などの）試合 ▶ game

A **welcome** party was **held** for the **international** exchange
students. They **seemed** happy to be in Japan.

国際交換留学生たちのために歓迎会が開かれた。彼らは，日本に来てうれしそうだっ

*□ **welcome**
[wélkəm]

形 **歓迎される** 間 **ようこそ**
▶ You're welcome.（どういたしまして。）
▶ Welcome to ～.（～へようこそ。）

*□ **hold**
[hould]

動 **～を手に持つ，開催する**
過去 held 過分 held

*□ **international**
[intərnǽʃ(ə)nəl] ❶発音

形 **国際的な**
(関連) 国の ▶ national

□ **seem**
[si:m]

動 **～のように思われる**

There was an **earthquake** in the Kanto **area** this morning.
A few people were **injured**, but **none** were **killed**.

今朝，関東地方で地震がありました。何人かがけがをしましたが，だれも死にませんでした。

earthquake
[ə́:rθkweik]

area
[é(ə)riə]

a few

名 地震
◆ earth（地球，地面）＋quake（震える）。
名 地域，地方

熟 少しの〜，2，3の〜

◆ 数えられる名詞の前で使う。a few で「少数の」の意味。few だけでは「ほとんどない」という否定的な意味になる。

▶a few days ago （2，3日前）
▶Few students know his name.
（ほとんどの生徒は彼の名前を知りません。）

（単語）few［fju:］▶形 ほとんどない
（関連）少量の▶a little（数えられない名詞に使う。）

injure
[índʒər] ❶発音

動 〜を傷つける
▶be injured （けがをする）

none
[nʌn] ❶発音

代 だれも〔1つも〕〜ない
▶None of them have seen the bird.
（彼らのだれもその鳥を見たことがありません。）

kill
[kil]

動 〜を殺す
▶be killed （〈事故・戦争で〉死ぬ）

Level 5

It's **dangerous** to put a **burning candle beside** the bed.

ベッドのそばに燃えているキャンドルを置くのは危険

*□ **dangerous** ❶つづり [déindʒ(ə)rəs]	形 **危険な** 比較 more ~ — most ~ 関連 名 危険 ▶ danger
□ **burn** [bəːrn] ❶発音	動 **燃える，燃やす**
□ **candle** [kǽndl]	名 **ろうそく**
*□ **beside** [bisáid]	前 **～のそばに，～と並んで** 関連 ～のそばに ▶ by　　～の近くに ▶ near 　　　～のほかに ▶ besides

The **elderly** man looked at the **setting sun** and **sighed**. It was a beautiful **sunset**.

そのお年寄りの男性は沈んでいく太陽を見てため息をついた。美しい日没でし

*□ **elderly** [éldərli]	形 **年配の** ▶ elderly people（年配の人たち）
*□ **set** 復習 [set]	動 **（太陽・月が）沈む，～を置く** 過去 set 過分 set（原形と同じ形） 関連 （太陽・月が）のぼる ▶ rise
*□ **sun** [sʌn]	名 **太陽** ◆ふつう the をつけて使う。son（息子 と発音が同じ。 関連 月 ▶ moon　　地球 ▶ earth
□ **sigh** [sai] ❶発音	動 **ため息をつく** 名 **ため息**
□ **sunset** [sʌ́nset]	名 **日没** 関連 日の出 ▶ sunrise

> Reiko noticed an old **woman standing nearby**, so she **offered** her **seat**.

レイコは，近くに立っているお年寄りの女の人に気づいたので，自分の席をゆずりました。

woman
[wúmən]

名 **女の人，女性**
複数形 women [wímin] ❶発音
関連 男の人，男性 ▶ man

stand
[stænd]

動 **立つ，立っている，がまんする**
▶ stand up（立ち上がる）
関連 すわる ▶ sit（down）

nearby
[níərbai]

副 **すぐ近くに**
形 **すぐ近くの**

offer
[ɔ́(:)fər]

動 **〜を提供する，申し出る**

seat
[si:t]

名 **座席**
▶ take a seat（腰かける）

文法ガイド

〈現在分詞・過去分詞の形容詞用法〉

　　現在分詞（動詞の-ing形）は「〜している」の意味で名詞を修飾
し，過去分詞は「〜された」の意味で名詞を修飾します。

　　分詞が1語で名詞を修飾するときは名詞の前から，2語以上で名
詞を修飾するときは名詞の後ろから修飾します。

　〈1語のとき〉

　　the running boy（走っている少年）

　　a used car（中古車）

　〈2語以上のとき〉

　　the boy running over there（向こうを走っている少年）

　　the car used by my mother（私の母によって使われた車）

Level 5

The **driver** looked away from the **road** and almost **hit** a gir
crossing the street.

運転手は道路から目をそらし，道を横断している女の子にぶつかりそうになっ

□**driver** [dráivər]	名 車を運転する人 (関連) 動 車を運転する ▶ drive
*□**road** [roud] ❶発音	名 道路 (関連) 通り ▶ street 小道 ▶ path
*□**hit** [hit]	動 ～を打つ，ぶつかる 過去 hit 過分 hit（原形と同じ） -ing形 hitti
*□**cross** [krɔ(:)s]	動 ～を横切る (関連) 名 交差点，横断歩道 ▶ crossing ～を横切る，渡る ▶ go across ～

My **dad** is a **big fan** of **European furniture**. He only buys
furniture made in **Europe**.

私の父はヨーロッパの家具の大ファンです。彼はヨーロッパで作られた家具しか買いませ

*□**dad** [dæd]	名 お父さん (関連) お母さん ▶ mom
*□**big** [big]	形 大きい (関連) 大きい ▶ large　小さい ▶ small
*□**fan** [fæn]	名 ファン，うちわ ▶ a baseball fan（野球のファン）
□**European** [ju(ə)rəpíːən]	形 ヨーロッパ(人)の 名 ヨーロッパ人 (関連) アジアの ▶ Asian
□**furniture** [fáːrnitʃər]	名 家具 ◆数えられない名詞なので，a をつ ず，複数形にしない。

Europe
[jú(ə)rəp]

名 ヨーロッパ ☞ p.77 地域

(関連) アジア ▶ Asia

🎧 270 知らせ・広告

The store only sells fresh vegetables grown on local farms.

その店は，地域の農園で育てられた新鮮な野菜だけを売っています。

fresh
[freʃ]

形 新鮮な

vegetable
[védʒ(ə)təbl]

名 野菜 ☞ p.48 食べ物

grow
[grou]

動 〜を育てる，成長する

過去 grew 過分 grown

▶ grow up in New York（ニューヨークで育つ）

local
[lóukəl]

形 地域の，地元の

▶ the local news（地方のニュース）

🎧 271 友人

Andy compared bananas from different countries. He liked bananas produced in Brazil the best.

アンディーはさまざまな国のバナナを比較しました。彼はブラジルで生産されたバナナがいちばん好きでした。

compare
[kəmpéər]

動 〜を比較する

banana
[bənǽnə] ❶発音

名 バナナ

produce
[prəd(j)úːs]

動 〜を生産する，産出する

(関連) 名 製品 ▶ product

Brazil
[brəzíl]

名 ブラジル

Level 5

"Can you **guess** who built this **temple**?" the **tour guide asked** the **tourists**.

「このお寺を建てたのはだれだか当てられますか」と旅行ガイドは観光客たちに尋ねまし

*□ **guess** ❶つづり [ges]	動 ～を言い当てる，推測する ▶ Can you guess?（あなたは当てられますか。）
*□ **temple** [témpl]	名 寺，寺院 関連 神社 ▶ shrine
*□ **tour** [tuər]	名 周遊旅行
*□ **guide** ❶つづり [gaid]	名 案内人　動 ～を案内する ▶ a guide dog（盲導犬）
□ ask 復習 [æsk]	動 ～をたずねる，頼む ▶ May I ask you some questions? 　（あなたにいくつか質問をしてもいいですか。）
□ **tourist** [tú(ə)rist]	名 観光客

🎧 273　物語・歴史

Somebody shouted my name, but I didn't know who it was.

だれかが私の名前を叫んだが，私はそれがだれだかわからなかっ

□ **somebody** [sΛmbɑdi]	代 だれか ◆ 文の主語になるときは単数として扱う。 関連 だれか ▶ someone
*□ **shout** [ʃaut] ❶発音	動 ～を叫ぶ 関連 泣く，叫ぶ ▶ cry

A stranger came up to me and asked me where the Cultural Center was.

見知らぬ人が私に近づいてきて，文化センターがどこにあるかをたずねた。

stranger
[stréindʒər] 🔴発音

图 **見知らぬ人，不案内な人**
▶ I'm a stranger here. （私はここには不案内です。）
(関連) 形 奇妙な，不思議な ▶ strange

come up (to ～)

熟 **(～に)近づいてくる**
(関連) 立ち去る ▶ go away

cultural
[kʌ́ltʃ(ə)rəl]

形 **文化の**
▶ cultural exchange （文化交流）
(関連) 图 文化 ▶ culture

center
[séntər]

图 **センター，中心**

I wonder why Jim is late. It's unusual for him to be late.

どうしてジムは遅れているのだろう。彼が遅刻するのは珍しいことだ。

wonder 🔴つづり
[wʌ́ndər]

動 **不思議に思う** 图 **不思議**
(関連) 形 すばらしい ▶ wonderful

unusual
[ʌnjúːʒuəl]

形 **ふつうでない**
(関連) いつもの，ふつうの ▶ usual

Level 5

文法ガイド | 〈間接疑問文〉

　　疑問詞で始まる疑問文が別の文の中に入ると，疑問詞のあとが〈主語＋動詞〉の語順になります。
　　I don't know. ＋ Where is he from?
　　→ I don't know where he is from.
　　（私は彼がどこの出身か知りません。）

Ms. Arakawa is an **athlete who** won the **gold medal** in the **Olympic Games**.

荒川さんは，オリンピックで金メダルをとった選手で

□ **athlete**
[ǽθliːt]

名 運動選手

□ **who (復習)
[huː]

代 関係代名詞（主格）として使う

□ **gold** ❶発音
[gould]

名形 **金（の）** ☞ p.62 色

（関連）形 金色の ▶ golden

銀 ▶ silver

□ **medal**
[médl]

名 **メダル**

*□ **Olympic Games**
[əlímpik géimz]

名 **国際オリンピック大会**

◆ the をつけて使う。

文法ガイド 〈関係代名詞〉

　　名詞のあとに〈関係代名詞＋（主語＋）動詞～〉を続けることで，その名詞に説明を加えることができます。

▶ I have an uncle.

（私にはおじがいます。）

▶ I have an uncle who lives in London.

（私には<u>ロンドンに住んでいる</u>おじがいます。）

　　上の文の an uncle のように，後ろから関係代名詞で修飾される名詞を先行詞といいます。関係代名詞は，先行詞によってふつう次のように使い分けます。

▶先行詞が人の場合 … who または that

▶先行詞が物の場合 … which または that

My dad **works for** a company **that makes electric toys.**

私のお父さんは，電気のおもちゃを作る会社に勤めています。

work for ～

熟 ～に勤めている
▶ work at[in] ～（～で働く，～に勤めている）

that (復習)
[ðæt]

代 関係代名詞として使う

make (復習)
[meik]

動 ～を作る，〈make＋A＋B〉で　AをBにする
過去 made　過分 made

electric
[iléktrik]

形 電気の
▶ an electric car（電気自動車）
(関連) 名 電気 ▶ electricity

toy
[tɔi]

名 おもちゃ

Let's go **cycling** tomorrow if it isn't raining.　I know a nice **cycling path** that **goes through** the **forest.**

雨が降ってなかったら，明日サイクリングに行こう。森を抜けるいいサイクリングの小道を知っているんだ。

cycling ❶つづり
[sáikliŋ]

名 サイクリング

path
[pæθ]

名 小道
(関連) 道路 ▶ road

go through
(復習)

熟 ～を通り抜ける，経験する

forest
[fɔ́(ː)rist]

名 森
(関連) 木 ▶ tree

Level 5

I want to be a **scientist**.　I want to **invent** something that
will change people's lives **forever**.

ぼくは科学者になりたいです。ぼくは，人々の生活を永遠に変える何かを発明したいで

*□ **scientist** ❶つづり [sáiəntist]	名 **科学者** （関連）科学 ▶ science
*□ **invent** [invént]	動 **〜を発明する** （関連）名 発明 ▶ invention
□ **forever** [fərévər]	副 **永遠に** ▶ I'll remember you forever. （私はあなたのことを永遠に覚えています。）

This is a famous **poem** by Basho.　It is about a **frog** which
jumps into a **silent pond**.

これは芭蕉による有名な詩です。静かな池の中に飛び込むカエルについてで

*□ **poem** [póuim]	名 **詩** ▶ write a poem（詩を書く）
□ **frog** [frɔ(ː)g]	名 **カエル**
□ **which （復習） [hwitʃ]	代 **関係代名詞として使う**
*□ **jump** [dʒʌmp]	動 **とぶ，ジャンプする**
*□ **silent** [sáilənt]	形 **静かな，沈黙した** ▶ keep silent（黙っている） （関連）名 沈黙 ▶ silence
□ **pond** [pɑnd]	名 **池**

The hotel **guests** have their **meals** in the **dining room**.

ホテルのお客さんたちは食堂で食事をします。

guest ❶つづり
[gest]

名 **客**
（関連）主人 ▶ host

meal
[mi:l]

名 **食事**

dining room
[dáiniŋ ru(:)m]

名 **食堂**
（関連）居間 ▶ living room
　　　　台所 ▶ kitchen

Both the apple **pie** and the **chocolate cookies** look delicious.
— Let's get **both** and **share** them.

アップルパイもチョコレートクッキーもおいしそうね。一両方買って，分け合おうよ。

both A and B

熟 **A も B も（両方とも）**
（関連）〜の両方とも ▶ both of 〜

pie
[pai]

名 **パイ**

chocolate
[tʃák(ə)lət]

名 **チョコレート**

cookie
[kúki]

名 **クッキー**

share
[ʃeər] ❶発音

動 **〜を分け合う，〜を共有する**
▶ share the room（部屋をいっしょに使う）

Level 5

283 物語・歴史

The dog **barked** with **joy** when his **master** **came home**.

その犬は，主人が帰宅すると，喜んでほえ

*□**bark** [bɑːrk]	動 **ほえる**
□**joy** [dʒɔi]	名 **喜び** ▶ with joy（喜んで）
□**master** [mǽstər]	名 **主人** 動 **〜をマスターする**
*□**come home**	熟 **帰宅する** （関連）帰宅する ▶ go〔get〕home 　　　　家を出る ▶ leave home

 284 知らせ・広告

In **case** of **emergency**, use the stairs. Don't use the **elevator**.

緊急事態の場合は，階段を使ってください。エレベーターは使わないでくださ

*□**case** [keis]	名 **場合** ▶ in case of 〜（〜の場合には） ▶ in this case（この場合は）
□**emergency** [imə́ːrdʒənsi]	名 **緊急事態**
*□**elevator** [éləveitər] ❶発音	名 **エレベーター**

When she feels **confused**, **scared**, or **disappointed**, she **writes down** her **feelings** in her **diary**.

彼女は，混乱したり，こわかったり，失望したりしたときは，日記に気持ちを書きとめます。

confused
[kənfjúːzd]

形 **困惑した，混乱した**
▶ I'm confused.（私は困惑しています。）
関連 動 ～を困惑させる，混同する ▶ confuse

scared
[skeərd]

形 **こわがった**
▶ Dad, I'm scared.（パパ，こわいよ。）
関連 動 ～をおびえさせる ▶ scare

disappointed
[disəpɔ́intid] ❶発音

形 **失望した，がっかりした**
▶ I was very disappointed.
　（私はとてもがっかりしました。）
関連 動 ～を失望させる ▶ disappoint

write down ～

熟 **～を書きとめる**

feeling
[fíːliŋ]

名 **感じ，気持ち**
関連 動 ～を感じる ▶ feel

diary ❶つづり
[dái(ə)ri]

名 **日記**
複数形 diaries
▶ keep a diary（**日記をつける**）

Look, there is a **mouse** there!　Is it **dead**?
— No, its **tail** is moving.　It's **alive**.

見て，あそこにねずみがいる！　死んでる？ーいや，しっぽが動いているよ。生きている

*□**mouse** [maus]	图 **ねずみ** 複数形 mice
□**dead** [ded] ❶発音	形 **死んだ** 関連 動 死ぬ ▶ die 　　　图 死 ▶ death
*□**tail** [teil]	图 **しっぽ，尾** ▶ a dog with a short tail（しっぽが短い犬）
□**alive** [əláiv]	形 **生きている** ◆ふつうbe動詞のあとで使われる。名詞の前で 用いない。

Each person has their **own** opinions and feelings.　We
should **understand** that and **respect** the **differences**.

それぞれの人が自分自身の意見や感情を持っています。私たちはそれを理解し，違いを尊重するべきで

*□**each** 復習 [i:tʃ]	形 **それぞれの** 代 **それぞれ** ◆eachに続く名詞は単数形にする。
*□**own** [oun]	形 **自分自身の** ◆my own（私自身の）のよう 所有格のあとで使う。 動 **〜を所有する**
*□**understand** [ʌndərstǽnd] ❶発音	動 **〜を理解する** 過去 understood 過分 understood
*□**respect** [rispékt]	動 **〜を尊重する，尊敬する** 图 **尊敬**
*□**difference** ❶つづり [díf(ə)rəns]	图 **違い** 関連 形 違った ▶ different

In spring, these branches will be covered with leaves.

春になると，これらの枝は葉っぱでおおわれているでしょう。

branch
[bræntʃ]

名 枝

be covered with ~

熟 ～でおおわれている
(単語) cover [kʌvər] ▶動 ～をおおう

leaf
[liːf]

名 (木の)葉
複数形 leaves ❗つづり

Various environmental groups are working to protect the environment and our natural resources.

いろいろな環境団体が，環境と自然資源を守るために活動しています。

various ❗つづり
[vé(ə)riəs]

形 さまざまな

environmental
[invai(ə)rənméntl]

形 環境の
▶ environmental problems (環境問題)

protect
[prətékt]

動 ～を保護する，～を守る
(関連) ～を保存する，保つ ▶ preserve

environment
[invái(ə)rənmənt]

名 環境
▶ environment-friendly (環境に優しい)

natural (復習)
[nætʃ(ə)rəl]

形 自然の
(関連) 名 自然 ▶ nature

resource ❗つづり
[ríːsɔːrs]

名 (複数形で) 資源
▶ limited resources (限られた資源)

Level 5

211

290 説明・描写

The **reporter** **rushed** to the site of the **attack** to gather **more** information.

報道記者はもっと多くの情報を集めるため，攻撃が行われた場所に急いで行っ

□ **reporter** [ripɔ́:rtər]	名 **報道記者** (関連) 動 報告する ▶ report
□ **rush** [rʌʃ]	動 **大急ぎで行く**
□ **attack** ❶つづり [ətǽk]	名 **攻撃** 動 **攻撃する**
□ **gather** [gǽðər]	動 **〜を集める** (関連) 〜を集める，収集する ▶ collect
□ **more** (復習) [mɔ:r]	形 **より多くの** ◆ many, much の比較級。 ▶ He has more books than I do. （彼は私より多くの本を持っています。）

291 紹介

Mr. Endo **may** not be **young**, but he **is full of energy**. He is an **active** person with many **hobbies**.

遠藤さんは若くはないかもしれないが，エネルギーにあふれています。彼は多くの趣味を持った活動的な人で

□ **may** [mei]	助 **〜かもしれない，〜してもよい** (関連) 〜にちがいない ▶ must
□ **young** ❶つづり [jʌŋ]	形 **若い，年下の** ▶ young people（若い人たち） (関連) 年とった ▶ old
□ **be full of 〜**	熟 **〜でいっぱいである** (単語) full [ful] ▶ 形 いっぱいの (関連) 〜でいっぱいである ▶ be filled with 〜
□ **energy** (復習) [énərdʒi] ❶発音	名 **エネルギー** ▶ save energy（エネルギーを節約する）

active

[ǽktiv]

形 **活動的な**

(関連) 名 活動 ▶ activity
　　　名 行動 ▶ action
　　　動 行動する，演じる ▶ act

hobby

[hάbi]

名 **趣味**

◆料理や芸術のように積極的な活動をともなうものをさす。「テレビを見ること」などはふつうhobbyとは言わない。

> The police officer has been trying his best, but he cannot discover any new facts.

その警察官はベストを尽くしているが，新たな事実は何も発見できていない。

try his best

熟 **最善〔全力〕を尽くす**

◆hisの部分には，myやyourなどの代名詞の所有格が入る。

discover

[diskʌ́vər] ❶発音

動 **〜を発見する**

(関連) 名 発見 ▶ discovery

fact

[fǽkt]

名 **事実**

(関連) 実際は ▶ in fact

文法ガイド

〈現在完了進行形〉

　現在完了進行形は，〈have been＋動詞のing形〉の形で「（現在までずっと）〜している」という意味を表します。何かの動作が，過去のある時点から今までずっと継続していることを言うときに使います。

▶ I've been waiting here since 6 a.m.
（私は午前6時からずっとここで待っています。）

Level 5

213

He has a very **positive attitude toward** life.　He **fears nothing**, and he **worries about nothing**.

彼は人生に対してとても前向きな態度を持っている。彼は何も恐れないし，何についても心配しな

□**positive**
[pázətiv]

形 積極的な
比較 more ～ － most ～
関連 消極的な ▶ negative

□**attitude**
[ǽtit(j)uːd]

名 態度

＊□**toward**
[tɔːrd]

前 ～の方に，～に対して
▶ walk toward him（彼の方に歩いて行く）

□**fear**
[fiər]

動 ～を恐れる　名 恐怖，不安
関連 ～を恐れる ▶ be afraid of ～

＊□**nothing**
[nʌ́θiŋ] ❶発音

代 何も～ない
◆ 1語で not ～ anything と同じ働きをする。
　▶ He said nothing.
　＝He didn't say anything.
　（彼は何も言わなかった。）

＊□**worry about ～**

熟 ～について心配する
◆ be worried about ～も同じ意味を表す。

まとめてチェック

〈something などの代名詞〉

something	…肯定文や，物をすすめる文で「何か」
anything	…疑問文で「何か」，否定文で「何も」
somebody〔someone〕	…肯定文で「だれか」
anybody〔anyone〕	…疑問文で「だれか」，否定文で「だれも」
everything	…「何でも」
everybody〔everyone〕	…「だれでも」
nothing	…「何も～ない」
nobody〔no one〕	…「だれも～ない」

Teammates must support each other.　A single team member can't do everything by himself.

チームメイトはお互いに支え合わなければいけません。たった1人の選手が1人ですべてのことはできません。

teammate
[tíːmmeit]

图 チームメイト
（関連）チーム ▶ team

support ❶つづり
[səpɔ́ːrt]

動 ～を支える
（関連）图 支持者，サポーター ▶ supporter

each other

熟 お互い（に）
▶ help each other（お互いに助け合う）
（単語）each [íːtʃ] ▶图 代 それぞれ（の）

single
[síŋgl]

形 たった1つの，1人用の
▶ a single room（1人用の部屋）

by himself

熟 1人で，独力で
◆ himself の部分には再帰代名詞（☞ p.129）が入る。

Perry's visit to Japan was a historic event.　After the visit, Japan worked on becoming a modern country.

ペリーの日本への訪問は歴史的な出来事だった。その訪問後，日本は近代国家になろうと取り組んだ。

historic
[histɔ́(ː)rik]

形 歴史上有名な
（関連）图 歴史 ▶ history

event
[ivént]

图 出来事，行事
▶ a school event（学校行事）
（関連）（偶然の）出来事，事故 ▶ accident

work on ～

熟 ～に取り組む

modern
[mádərn] ❶発音

形 現代の，近代的な
▶ a modern factory（近代的な工場）
（関連）古代の ▶ ancient

Level 5

As soon as possible, we must think of ways to prevent further accidents.

できるだけ早く，私たちはさらなる事故を防ぐ方法を考えなければいけませ〔ん〕

*□**as ～ as possible**	熟 **できるだけ～** ◆as ～ as − can と同じ意味。 （単語）possible [pásəbl] ▶形 可能な
*✻□**think of ～**	熟 **～のことを考える，～を思いつく**
□**prevent** [privént]	動 **～を防ぐ，さまたげる**
□**further** [fə́ːrðər] ❗発音	形副 **さらに進んだ〔で〕** ◆far の比較級の1つ。

Armstrong was the first human being to step on the surface of the moon.

アームストロングは，月面をふんだ最初の人間で〔す〕

*□**human** [hjúːmən]	形 **人間の** 名 **人間** ▶ human being（人間）
*□**step** [step]	動 **歩く，ふむ** 名 **歩み** 過去 stepped 過分 stepped ▶ Watch your step.（足もとに気をつけて。）
□**surface** [sə́ːrfis] ❗発音	名 **表面**
*□**moon** [muːn]	名 **月** （関連）太陽 ▶ sun 地球 ▶ earth

Mr. Black is a cheerful person.　He likes telling jokes and funny stories.

ブラックさんは明るい人です。彼は冗談やおもしろい話を言うのが好きです。

]**cheerful**
[tʃíərfəl]

形 きげんのよい，元気な
（関連） 動 ～を元気づける ▶ cheer

]**joke**
[dʒouk]

名 冗談　動 冗談を言う
▶ tell a joke（冗談を言う）

]**funny** ❶つづり
[fʌ́ni]

形 おかしい
比較 funnier － funniest
（関連） 名 おもしろさ ▶ fun

]**story**
[stɔ́ːri]

名 話，物語
▶ a short story（短編小説）
（関連）（長編）小説 ▶ novel

〈-ful がつく形容詞〉

-ful は「～に満ちた」という意味を付け加えて，一部の名詞など
を形容詞にする働きをしています。

〈例〉

beauty（美しさ）	→ beautiful（美しい）
care（注意）	→ careful（注意深い）
cheer（元気〈づける〉）	→ cheerful（元気な）
help（助け）	→ helpful（助けになる）
peace（平和）	→ peaceful（平和な）
success（成功）	→ successful（成功した）
use（使う，使用）	→ useful（役立つ）
wonder（不思議）	→ wonderful（すばらしい，不思議な）

まとめてチェック

Level 5

I **used to** think that reading books was **boring**.　But now it's my favorite **thing** to do.

ぼくは前は本を読むことはつまらないと思っていた。だけど，今では，いちばん好きなこと

*□**used to ~** [júːstə]	熟 **（以前は）～だった** ◆過去の習慣や状態を表す。具体的にいつのこ 　なのかを示さずに，「以前は～だった（が，今 　そうではない）」と言うときによく使われる。
*□**boring** [bɔ́ːriŋ]	形 **退屈な**
□thing** （復習） [θiŋ]	名 **もの，こと**

At first, Ron was very **shy**.　But **after a while**, he **got used to** school, and he **gradually** changed.

最初は，ロンはとてもはずかしがりやでした。でもしばらくすると，彼は学校に慣れ，だんだんと変わっていきまし

□at first**	熟 **最初は〔に〕** （関連）最後に，ついに ▶ at last
□**shy** [ʃai]	形 **はずかしがりやの**
*□**after a while**	熟 **しばらくして** （関連）しばらくの間 ▶ for a while
□**get used to ~**	熟 **～に慣れる，～できるようになる** （関連）～に慣れている ▶ be used to ~ 　　　以前は～したものだ ▶ used to ~
□**gradually** [ǽdʒuəli]	副 **だんだんと**

My coach **told** me to trust my **own abilities**.　Her words **encouraged** me.

私のコーチは，私に自分自身の能力を信じるようにと言った。彼女の言葉は私を勇気づけました。

tell (復習)
[tel]

動 〈tell＋人＋to ～〉で
人に～するように言う
過去 told　過分 told

own (復習)
[oun]

形 **自分自身の**　◆所有格のあとで使う。
動 ～を所有する

ability
[əbíləti]

名 **能力**　複数形 abilities
(関連) 形 ～できる ▶ able

encourage
[inkə́:ridʒ]

動 **～を勇気づける**
(関連) 名 勇気 ▶ courage

They didn't have **freedom** of **expression**.　The **government** didn't **allow** people to say things **freely**.

彼らには表現の自由がありませんでした。政府は人々が物事を自由に言うことを許さなかったのです。

freedom
[frí:dəm]

名 **自由**
▶ freedom of speech（言論の自由）

expression
[ikspréʃən]

名 **表現，表情**
(関連) 動 ～を表現する ▶ express

government
[gʌ́vər(n)mənt] ❶つづり

名 **政府，政治**

allow
[əláu] ❶発音

動 **～を許す，**〈allow＋人＋to ～〉で
人が～することを許す

freely
[frí:li]

副 **自由に**
(関連) 形 自由な ▶ free

Level 5

According to this article, during the twentieth century, the average temperature in Tokyo increased by three degrees.

この記事によると，20世紀の間に，東京の平均気温は3度上昇しまし

□ **according to ～**
[əkɔ́:rdiŋ]

熟 ～によれば

□ **article**
[á:rtikl]

名 記事，品物
▶ a newspaper article（新聞記事）

* □ **twentieth** ❶つづり
[twéntiəθ]

名形 **20番目（の）** ☞ *p.15* 基数・序数
（関連）20（の）▶ twenty

* □ **century**
[séntʃəri]

名 **世紀**
複数形 centuries
▶ the twenty-first century（21世紀）

* □ **average**
[ǽv(ə)ridʒ]

形 **平均の** 名 **平均**

* □ **temperature**
[témp(ə)rətʃ(u)ər]

名 **温度，体温**

* □ **increase**
[inkríːs]

動 **増加する**
（関連）減少する▶ decrease

□ **degree**
[digríː]

名 **度，程度**
◆ 10℃（セ氏10度）は ten degrees Celsius [sélsiə
または ten degrees centigrade [séntəgreid] の
うに読む。

220

My father is getting fat.　He should do more exercise.
Also, he should eat less meat and more vegetables.

父は太ってきています。彼はもっと運動をするべきです。また，肉をもっと少なく，野菜をもっと多くとるべきです。

fat
[fæt]
形 **太った**
▶ get fat（太る）

exercise ❶つづり
[éksərsaiz]
名 **運動**
▶ do exercise（運動する）

less
[les]
形 **より少ない**　◆ little の比較級。
比較 little — less — least

meat
[miːt]
名 **肉**
◆ 数えられない名詞。

My favorite subject is P.E., and my least favorite subject is
social studies.

ぼくのいちばん好きな科目は体育で，最も嫌いな科目は社会科です。

subject
[sʌ́bdʒikt]
名 **教科，主題，（メールなどの）件名**
☞ p.37　教科

P.E.
[píːíː]
名 **体育**　◆ physical education の略。
☞ p.37　教科

least
[liːst]
形副 **最も少ない〔く〕**　◆ little の最上級。
比較 little — less — least
（関連）少なくとも ▶ at least

social
[sóuʃəl]
形 **社会の**
▶ social studies（社会科）
▶ social problems（社会問題）
（関連）名 社会 ▶ society

Level 5

To reduce air **pollution**, we should use bikes **instead of**
cars when we travel **short distances**.

大気汚染を減らすために，私たちは短い距離を移動するときは，車の代わりに自転車を使うべき

*□ **pollution** [pəlúːʃən]	图 **汚染** ▶ environmental pollution（環境汚染） (関連) 汚染する ▶ pollute
*□ **instead of ~**	熟 **～の代わりに** (単語) instead [instéd] ▶副 その代わりに
*□ **short** [ʃɔːrt]	形 **短い，（背が）低い** ▶ for a short time（短い間） (関連) 長い ▶ long　（背が）高い ▶ tall
□ **distance** [dístəns]	图 **距離**

I think **communication** can help to **develop** understanding
between the younger **generation** and the older **generation**

私はコミュニケーションによって，若い世代と年配の世代との間の理解を深めることができると思

*□ **communication** [kəmjuːnəkéiʃən]	图 **コミュニケーション** (関連) 動 意思を伝え合う ▶ communicate
*□ **develop** [divéləp]	動 **～を発達させる，開発する** ▶ a developing country（発展途上国） (関連) 图 発達，発展 ▶ development
*□ **between** (復習) [bitwíːn] ❶発音	前 **（2つ）の間に〔の〕** ▶ between A and B（AとBの間に） (関連)（3つ以上）の間に ▶ among
*□ **generation** [dʒenəréiʃən]	图 **世代** ▶ from generation to generation （世代から世代へ）

I didn't **wear** a **cap** **in spite of** the strong **sunlight**.　Now, the **skin** on my **face** really **hurts**.

強い日ざしにもかかわらず，ぼくは帽子をかぶりませんでした。それで今，顔の皮ふがとても痛みます。

wear
[weər]

動 ～を身につけている
過去 wore　過分 worn

cap
[kæp]

名 帽子，キャップ
関連 （ふちのある）帽子 ▶ hat

in spite of ～

熟 ～にもかかわらず

sunlight
[sʌ́nlait]

名 日光
◆ sun（太陽）＋light（光）。

skin
[skin]

名 皮ふ，はだ

face
[feis]

名 顔　☞ p.24 体
▶ face to face（向かい合って）

hurt 復習
[həːrt]

動 痛む，～を傷つける
過去 hurt　過分 hurt（原形と同じ）

We **debated whether** cellphones should be **banned** at school. We talked a lot and **reached** a **final decision**.

私たちは携帯電話が学校で禁止されるべきかどうかを討論しまし
たくさん話し合って，最終結論に達しまし

□ **debate**
[dibéit]

働 〜について討論する 图 討論，ディベー

◆あるテーマについて，あらかじめ賛成・反対
どの立場を決めて論じ合うものをさす。

（関連）議論，話し合い ▶ discussion

□ **whether**
[hwéðər]

接 〜かどうか

□ **ban**
[bǽn]

働 〜を（法律などで）禁じる

過去 banned 過分 banned ❶つづり

* □ **reach**
[ríːtʃ]

働 〜に着く，〜に届く

（関連）〜に着く ▶ get to 〜，arrive at〔in〕 〜

□ **final**
[fáinl]

形 最後の

（関連）副 最後に，ついに ▶ finally

□ **decision** ❶つづり
[disíʒən]

图 決定，決心

▶ make a decision （決定を下す）

（関連）働 〜を決める ▶ decide

AI can **create** any **image** from **text immediately**. The one I saw was **surprisingly** real. **AI** is **awesome**, but it's **kind** of **scary**.

人工知能は，文章からどんな画像でもただちに作り出すことができま
私が見た画像は驚くほどリアルでした。AIはすごいのですが，ちょっと怖いで

* □ **AI**
[éiái]

图 人工知能

◆ artificial（人工的な）intelligence（知能・知性）の

* □ **create**
[kriéit]

働 〜を作り出す，〜を創造する

（関連）形 創造力のある，独創的な ▶ creative

image ❶発音
[ímidʒ]

名 画像，イメージ
（関連） 動 ～を想像する ▶ imagine

text
[tekst]

名 文章，携帯メール
▶ send a text message（携帯メールを送る）
◆ 英語では携帯〔スマホ〕メールは e-mail とは言わず，text または text message と言う。

immediately
[imíːdiətli]

副 ただちに
（関連） 形 即時の ▶ immediate

surprisingly
[sərpráiziŋli]

副 驚くほどに
（関連） 形 驚くべき ▶ surprising

awesome ❶発音
[ɔ́ːsəm]

形 すごい，すばらしい
◆ くだけた話し言葉でよく使われる。

kind of ～

熟 ちょっと
▶ It's kind of cold.（ちょっと寒い。）

scary ❶発音
[skéəri]

形 こわい
▶ a scary movie（こわい映画）
（関連） 形 こわがった ▶ scared

🎧 **311** ニュース

Their house was **destroyed** in the **disaster**. But fortunately, everyone, **including** their dog, was **rescued** alive.

彼らの家は大災害で破壊されました。
しかし幸運にも，彼らの犬を含めて全員が，生きて救助されました。

destroy
[distrɔ́i]

動 ～を破壊する

disaster
[dizǽstər]

名 大災害，大惨事
▶ natural disasters（自然災害）

including
[inklúːdiŋ]

前 ～を含めて
（関連） 動 ～を含む ▶ include

rescue
[réskjuː]

動 ～を救助する

Level 5

I've **memorized** a lot of English words, but I still need to
improve my speaking **skills**.　**Online** lessons **might** be
effective.

私はたくさんの英単語を暗記していますが，まだ話す技能を上達させる必要があります
オンラインレッスンが効果的かもしれま

☐ **memorize**
[mémɔraiz]

動 〜を暗記する
関連 名 記憶，思い出 ▶ memory

*☐ **improve**
[imprúːv]

動 〜を上達させる，〜を改善する

*☐ **skill**
[skil]

名 技能

*☐ **online**
[áːnlain]

形 オンラインの　副 オンラインで
▶ buy books online（ネット上で本を買う）

*☐ **might**
[mait]

助 〜かもしれない
◆ may よりも可能性が低い場合に使われる。

☐ **effective**
[iféktiv]

形 効果的な
関連 名 効果，影響 ▶ effect

 🎧 313 物語・歴史

The **main** **character** of this **film** loves the **journalist** but
pretends to hate her.　It's hard to **describe** their **relationship**

この映画の主人公は記者を愛しているのですが，彼女を大嫌いなふりをしま
彼らの関係を言い表すのは難しいで

*☐ **main**
[mein]

形 おもな，主要な

*☐ **character**
[kǽrəktər]

名 登場人物，性格

☐ **film**
[film]

名 映画，（写真の）フィルム
関連 映画 ▶ movie

journalist
[dʒə́ːrnəlist]

图 記者，ジャーナリスト

pretend
[priténd]

働 〜のふりをする
◆〈pretend to＋動詞の原形〉の形でよく使う。

hate
[heit]

働 〜が大嫌いだ，〜をにくむ
(関連) 〜が大好きだ，〜を愛する ▶ love

describe
[diskráib]

働 〜を描写する，〜を言い表す

relationship
[riléiʃənʃip]

图 関係
(関連) 働 〜を関係づける ▶ relate

🎧 314　日常会話

want to print this recipe, but I can't select your printer.
— Sorry, it's not connected.　It needs to be repaired.

このレシピを印刷したいのですが，あなたのプリンターを選択できません。
ーごめんなさい，それは接続されていません。修理が必要なのです。

print
[print]

働 〜を印刷する
(関連) 图 プリンター，印刷機 ▶ printer

recipe ❶つづり
[résəpi]

图 調理法，レシピ

select
[səlékt]

働 〜を選ぶ
(関連) 图 選択 ▶ selection

printer
[príntər]

图 プリンター，印刷機

connect
[kənékt]

働 〜をつなぐ
(関連) 图 つながり，関係 ▶ connection

repair
[ripéər]

働 〜を修理する

Level 5

227

The **materials** this company **provides** are **imported** from
New Zealand. They **cost** a lot, but they're **sustainable**
and **eco-friendly**.

この会社が供給する材料はニュージーランドから輸入されていま
たくさんお金がかかりますが，持続可能で環境にやさしいもので

□ **material**
[mətíəriəl]

名 **材料，物質**

□ **provide**
[prəváid]

動 **〜を供給する**
▶ provide A with B（**A に B を供給する**）

□ **import**
[impɔ́ːrt]

動 **〜を輸入する**
関連 〜を輸出する ▶ export

□ **New Zealand**
[njuː zíːlənd]

名 **ニュージーランド**

□ **cost**
[kɔːst]

動 **（費用）がかかる** 名 **費用**
過去 cost 過分 cost（原形と同じ）

□ **sustainable**
[səstéinəbl]

形 **持続可能な**
▶ Sustainable Development Goals
（SDGs，持続可能な開発目標）

□ **eco-friendly**
[iːkoufréndli]

形 **環境にやさしい**

If I **were** you, I would eat something before the **ceremony**.
— Then, can you **recommend** any **cafes** that **serve** breakfast?

もし私があなただったら，式の前に何か食べるのに。－じゃあ，朝食を出すお勧めのカフェはある？

were (復習) [wəːr]	動 are の過去形，**仮定法で be 動詞の過去形** ◆ 仮定法（現実とはちがうことを表す言い方）の文では，be 動詞の過去形は，was のかわりに were が使われることが多い。
ceremony [sérəmouni]	名 **儀式** 複数形 ceremonies ❶つづり ▶ an opening ceremony（開会式） ▶ tea ceremony（茶道）
recommend [rekəménd]	動 **〜を勧める**
cafe [kəféi]	名 **カフェ，喫茶店** ◆ café と書くこともある。
serve [səːrv]	動 **（食事）を出す**

文法ガイド

〈仮定法過去〉

　　動詞を過去形にすることで，現実とちがう願望や，現実にはありえない仮定を表すことができます。

　　▶ I wish I lived in Hawaii.（私がハワイに住んでいればいいのに。）

　　仮定法では，be 動詞の過去形はふつう were が使われます。

　　▶ I wish I were a bird.（私が鳥であればいいのに。）

　　「〜するのに，〜だろうに，〜できるのに」のように言うときは，助動詞の過去形（would や could）を使います。

　　▶ If I had a plane, I would travel around the world.
　　　（もし私が飛行機を持っていれば，世界中を旅行するのに。）

　　▶ If it were sunny today, I could go swimming.
　　　（もし今日晴れていれば，泳ぎに行けるのに。）

Level 5

Now, let me start my presentation.　First, look at this slide.
Graph 1 shows the percentage of male and female users.

では，私の発表を始めさせてください。最初にこのスライドを見てくださ
グラフ1は男性と女性の使用者の割合を示していま

‡□ **let** （復習）
[let]

動 〈let＋人＋動詞の原形〉で **人に～させる**
◆「希望通りに～させる，～するのを許す」とい
　意味合い。
過去 let　過分 let（原形と同じ）

*□ **presentation**
[prezəntéiʃən]

名 **発表，プレゼンテーション**

□ **slide**
[slaid]

名 **（発表などで投影する）スライド**
◆プレゼンテーションなどで発表者がスクリー
　に投影する画面の1ページをさすことが多い。

‡□ **graph**
[græf]

名 **グラフ**

*□ **percentage**
[pərséntidʒ]

名 **割合，パーセンテージ**
関連 パーセント ▶ percent

□ **male**
[meil]

形 **男性の，（動物の）おすの**
関連 女性の，めすの ▶ female

□ **female**
[fíːmeil]

形 **女性の，（動物の）めすの**
関連 男性の，おすの ▶ male

□ **user**
[júːzər]

名 **使用者**

Robot technology is changing agriculture. This farming robot helps farmers pick crops.

ロボット技術は農業を変えています。この農業ロボットは，農家の人が作物をつむのを助けます。

robot ❶発音
[róubɑt]

名 ロボット

technology
[teknálədʒi]

名 科学技術

agriculture
[ǽgrikʌltʃər]

名 農業
◆かたい言い方で，広く産業や学問としての農業をさすときに使う。

farming
[fáːrmiŋ]

名 農業，農作業
◆agricultureよりも日常的な語。
(関連) 農場▶farm
　　　農家の人，農場経営者▶farmer

help (復習)
[help]

動 ～を助ける，手伝う
〈help＋人＋動詞の原形〉で人が～するのを手伝う

pick
[pik]

動 ～をつむ，～を選ぶ
▶pick a card（カードを1枚選ぶ）
▶pick up ～
（～を拾い上げる，～を(車で)迎えに行く）

crop
[krɑp]

名 作物

Level 5

231

The **original research project** was started in the **middle** of the 1990s by some **medical** students.

もとの研究計画は，1990年代の半ばに何人かの医学生たちによって開始されまし

☐ **original**
[ərídʒnəl]

形 もとの，独創的な
▶ the original plan （もとの〔当初の〕計画）
関連 名 起源 ▶ origin
　　　副 もともと ▶ originally

*☐ **research**
[rí:sə:rtʃ]

名 調査，研究
関連 研究者 ▶ researcher

*☐ **project**
[prádʒekt]

名 計画

*☐ **middle**
[mídl]

名 真ん中　形 真ん中の
▶ in the middle of ～（～の中ごろに，～の真ん中

☐ **medical**
[médikəl]

形 医学の
関連 名 薬 ▶ medicine

Our **organization** is making **efforts** to **achieve gender equality**. It's **included** in the **SDGs**.

私たちの組織は性の平等を達成するために努力しています。それはSDGsにも含まれています。

organization
[ɔːrɡənizéiʃən]

名 **組織, 団体**
（関連）動 組織する ▶ organize

effort ❶発音
[éfərt]

名 **努力**
▶ make an effort（努力する）

achieve ❶発音
[ətʃíːv]

動 **〜を成しとげる**

gender
[dʒéndər]

名 **(社会的な)性, 性別, ジェンダー**
▶ a person's age and gender（人の年齢と性別）
▶ a gender role（男女の役割分担, 性役割）

equality ❶発音
[ikwáləti]

名 **平等**
（関連）形 等しい, 平等な ▶ equal

include
[inklúːd]

動 **〜を含む**
（関連）前 including ▶ 〜を含めて

SDGs
[esdiːdʒíːz]

名 **持続可能な開発目標**
◆ Sustainable Development Goals の略。国連サミットで採択された17の目標。

語形変化一覧表

▊ 名詞の複数形

1. s をつける （ふつうの語）

book（本）	▶ books	**girl**（少女）	▶ girls

2. es をつける （s, x, ch, sh で終わる語）

bus（バス）	▶ buses	**bench**（ベンチ）	▶ benches
class（授業）	▶ classes	**dish**（皿）	▶ dishes

※ o で終わる語の一部にも，es をつけるものがある。〈例〉potato（じゃがいも）→ potatoes

3. y を i にかえて es （〈子音字＋ y〉で終わる語）

city（都市）	▶ cities	**dictionary**（辞書）	▶ dictionarie
story（物語）	▶ stories	**country**（国）	▶ countries

※〈母音字＋ y〉で終わる語の場合には，そのまま s だけをつける。〈例〉boy（少年）→ boys

4. f, fe を v にかえて es （f, fe で終わる語）

leaf（葉）	▶ leaves	**life**（生命）	▶ lives
knife（ナイフ）	▶ knives	**wife**（妻）	▶ wives

※例外　roof（屋根）→ roofs

▊ 動詞の 3 人称単数・現在形

1. s をつける （ふつうの語）

come（来る）	▶ comes	**know**（知っている）	▶ knows

2. es をつける （o, s, x, ch, sh で終わる語）

go（行く）	▶ goes	**do**（する）	▶ does
pass（手渡す）	▶ passes	**teach**（教える）	▶ teaches
watch（見る）	▶ watches	**wash**（洗う）	▶ washes

3. y を i にかえて es （〈子音字＋ y〉で終わる語）

study（勉強する）	▶ studies	**try**（ためしてみる）	▶ tries
carry（運ぶ）	▶ carries	**fly**（飛ぶ）	▶ flies

※〈母音字＋ y〉で終わる語の場合には，そのまま s だけをつける。〈例〉play（〈スポーツなど〉をする）→ pla

動詞の -ing 形

1. ing をつける（ふつうの語）

walk（歩く）	▶ walking	**go**（行く）	▶ going

2. e をとって ing をつける（e で終わる語）

come（来る）	▶ coming	**make**（作る）	▶ making
use（使う）	▶ using	**write**（書く）	▶ writing
take（取る）	▶ taking	**have**（食べる）	▶ having

※発音される e で終わる語にはそのまま ing をつける　〈例〉see（見える）→ seeing

3. 語尾の１字を重ねて ing（〈子音字＋アクセントのある母音字＋子音字〉で終わる語）

run（走る）	▶ running	**swim**（泳ぐ）	▶ swimming
get（得る）	▶ getting	**stop**（止まる）	▶ stopping
sit（すわる）	▶ sitting	**begin**（始まる）	▶ beginning

4. ie を y にかえて ing（ie で終わる語）

die（死ぬ）	▶ dying	**lie**（横になる）	▶ lying

形容詞・副詞の比較級・最上級

1. er, est をつける（ふつうの語）

tall（〈背が〉高い）	▶ taller	▶ tallest	**old**（古い）	▶ older	▶ oldest

2. r, st をつける（e で終わる語）

large（大きい）	▶ larger	▶ largest	**late**（遅い）	▶ later	▶ latest

3. y を i にかえて er, est（〈子音字＋ y〉で終わる語）

easy（簡単な）	▶ easier	▶ easiest	**busy**（忙しい）	▶ busier	▶ busiest
early（早い）	▶ earlier	▶ earliest	**happy**（幸せな）	▶ happier	▶ happiest

4. 語尾の１字を重ねて er, est（〈子音字＋アクセントのある母音字＋子音字〉で終わる語）

big（大きい）	▶ bigger	▶ biggest	**hot**（暑い，熱い）	▶ hotter	▶ hottest

5. 前に more, most（２音節以上の語の大部分）

interesting（おもしろい）▶ more interesting ▶ most interesting

※ more, most をつけるおもな形容詞・副詞 ☞ p.156

語形変化一覧表

■ 規則動詞の過去形・過去分詞

1. ed をつける （ふつうの語）

help （助ける）	▶ helped	**look** （見る）	▶ looked

2. d だけをつける （e で終わる語）

like （好きだ）	▶ liked	**use** （使う）	▶ used
live （住んでいる）	▶ lived	**move** （動く）	▶ moved
arrive （着く）	▶ arrived	**close** （閉じる）	▶ closed

3. y を i にかえて ed （〈子音字＋ y〉で終わる語）

study （勉強する）	▶ studied	**try** （ためしてみる）	▶ tried
carry （運ぶ）	▶ carried	**worry** （心配する）	▶ worried

※ 〈母音字＋ y〉で終わる語の場合には，そのまま ed をつける。〈例〉play （〈スポーツなど〉をする） → play

4. 語尾の 1 字を重ねて ed （〈子音字＋アクセントのある母音字＋子音字〉で終わる語）

stop （止まる）	▶ stopped	**plan** （計画する）	▶ planned

■ 不規則動詞の過去形・過去分詞

1. ABC 型 （原形・過去形・過去分詞が異なる形）

be （～である）	▶ was, were	▶ been	**begin** （始まる）	▶ began	▶ begu
break （こわす）	▶ broke	▶ broken	**do** （する）	▶ did	▶ done
draw （描く）	▶ drew	▶ drawn	**drink** （飲む）	▶ drank	▶ drunk
drive （運転する）	▶ drove	▶ driven	**eat** （食べる）	▶ ate	▶ eaten
fall （落ちる）	▶ fell	▶ fallen	**fly** （飛ぶ）	▶ flew	▶ flown
forget （忘れる）	▶ forgot	▶ forgotten*	**get** （得る）	▶ got	▶ gotte
give （与える）	▶ gave	▶ given	**go** （行く）	▶ went	▶ gone
grow （育てる）	▶ grew	▶ grown	**know** （知っている）	▶ knew	▶ know
ride （乗る）	▶ rode	▶ ridden	**see** （見える）	▶ saw	▶ seen
show （見せる）	▶ showed	▶ shown*	**sing** （歌う）	▶ sang	▶ sung
speak （話す）	▶ spoke	▶ spoken	**swim** （泳ぐ）	▶ swam	▶ swum
take （取る）	▶ took	▶ taken	**write** （書く）	▶ wrote	▶ writte

* forget − forgot − forgot, get − got − got, show − showed − showed という変化もある。

2. ABA 型 （原形と過去分詞が同じ形）

become（～になる）▶ became ▶ become　**come**（来る）　▶ came　▶ come

run（走る）　▶ ran　　▶ run

3. ABB 型 （過去形と過去分詞が同じ形）

bring(持ってくる)	▶ brought	▶ brought	**build**（建てる）	▶ built	▶ built
buy（買う）	▶ bought	▶ bought	**catch**(とらえる)	▶ caught	▶ caught
feel（感じる）	▶ felt	▶ felt	**find**（見つける）	▶ found	▶ found
have(持っている)	▶ had	▶ had	**hear**（聞こえる）	▶ heard	▶ heard
keep（保つ）	▶ kept	▶ kept	**leave**（去る）	▶ left	▶ left
lend（貸す）	▶ lent	▶ lent	**lose**（失う）	▶ lost	▶ lost
make（作る）	▶ made	▶ made	**mean**(意味する)	▶ meant	▶ meant
meet（会う）	▶ met	▶ met	**read**（読む）	▶ read*	▶ read*
say（言う）	▶ said	▶ said	**sell**（売る）	▶ sold	▶ sold
send（送る）	▶ sent	▶ sent	**sit**（すわる）	▶ sat	▶ sat
sleep（眠る）	▶ slept	▶ slept	**spend**（過ごす）	▶ spent	▶ spent
stand（立つ）	▶ stood	▶ stood	**teach**（教える）	▶ taught	▶ taught
tell（伝える）	▶ told	▶ told	**think**（考える）	▶ thought	▶ thought
understand（理解する）	▶ understood	▶ understood			

＊ read は，つづりが同じで発音だけが変化する。過去形・過去分詞の発音は [red]。

4. AAA 型 （原形・過去形・過去分詞が同じ形）

cut（切る）	▶ cut	▶ cut	**set**（置く）	▶ set	▶ set
let（～させる）	▶ let	▶ let	**put**（置く）	▶ put	▶ put

Index

さくいん

（**太字**は見出し語，細字は「関連」
または「まとめてチェック」で
扱った語句です。）

A
B
C
D
E
F
G
H
I
J
K
L
M
N
O
P
Q
R
S
T
U
V
W
X
Y
Z

A B C D E F G H I J K L M N O P Q R S T U V W X Y Z

A B C D E F G H I J K L M N O P Q R S T U V W X Y Z

A B C D E F G H I J K L M N O P Q R S T U V W X Y Z

A B C D E F G H I J K L M N O P Q R S T U V W X Y Z

251

例文執筆	山田暢彦
編集協力	株式会社エデュデザイン
	上保匡代，株式会社シー・キューブ
英文校閲	Adam Halbur，Joseph Tabolt
録音	一般財団法人英語教育協議会（ELEC）
ナレーション	Kristen Watts，Vinay Murthy，香月カグヤ
DTP	株式会社明昌堂
カバーデザイン	山口秀昭（StudioFlavor）
カバーイラスト	下田麻美

この本は下記のように環境に配慮して製作しました。
・製版フィルムを使用しないCTP方式で印刷しました。
・環境に配慮した紙を使用しています。

320例文で効率よく覚える 中学英単語・熟語2000

① データ管理コード 23-2031-1849（2022）